묘법연화경
관세음보살보문품
文句문구 · 記기 · 頌송

隋天台智者大師說
唐天台沙門湛然撰記
宋天竺寺沙門遵式釋頌

수나라 **천태지자** 대사가 해설하고
당나라 사문 **형계담연**이 찬술하여 기록했으며
송나라 천축사 사문 **자운준식**이 풀이하고 찬송하다

KB191487

묘법연화경
관세음보살보문품
文句문구 · 記기 · 頌송

편역 차차석

1.

두 무릎 구부리고
두 손바닥 모아
천수관음 앞에서
빌며 아뢰나이다.
천 개의 손 천 개의 눈
하나를 놓아 하나를 덜어서
두 눈 다 없는 저에게
하나라도 주어 고쳐 주옵소서.
아아, 저에게 주신다면
그 자비심 얼마나 크오리까.

분황사에서 희명이란 여인이 실명한 다섯 살 아들의 눈을 뜨게 해 달라고 관음보살에게 기도하는 내용이다. **삼국유사**는 이 향가의 배경을 신라 경덕왕 때의 일로 전하고 있지만, 필자는 이때의 희명이야말로 관음보살의 화신이며 다섯 살배기 눈먼 아들은 중생이 아닐까 생각한다. 눈 뜬 장님과 같은 것이 중생의 현실이라고 본다면 그들의 눈을 뜨게 만들기 위해 간절하게 기도하는 것이 관음보살이다.

눈에 관한 설법은 **법화경** 〈보문품〉에도 나온다.

진실한 관찰이며 맑고 깨끗한 관찰이며

넓고 크신 지혜로써 관찰하심과

가없이 관찰함과 인자하게 관찰함을

언제나 항상 원하고 우러러 볼지니라.

眞觀淸淨觀 廣大智慧觀 悲觀及慈觀 常願常瞻仰

　이 게송에 나오는 본다는 의미의 觀은 원래 눈이었는데, 번역자인 구마라집 스님이 觀이란 글자로 번역했다고 한다. 눈이 본다는 기능을 지니고 있기도 하지만 눈을 통해, 보는 것을 통해 그 사람의 인품과 됨됨이를 알 수 있기 때문이기도 하다. 따스한 마음, 청정한 마음, 진실한 마음, 지혜로운 마음을 지닐 수 있다면 얼마나 좋을까? 이 게송을 영어로 번역한 Kern은 동일한 게송을 다음과 같이 번역하고 있다.

　당신은 눈이 청정한 사람,

눈에 자비가 깊은 사람.

지혜와 지식으로 구분되는 뛰어난 사람이여!

당신은 눈에 연민의 마음이 깊고,

당신은 그대의 아름다운 얼굴과 눈에 의해 너무나 사랑스럽구나.

　필자는 관음보살을 좋아한다. 아니 사모한다. 그렇게 되고 싶고, 그렇게 살고 싶었다. 이 책을 번역하게 된 것도 그 때문임은 물론이다.

관음신앙은 동북아불교에서 가장 대중적이라 볼 수 있다. 천여 년이 넘는 장구한 시간 동안 서민대중의 벗이자 의지처가 되어 주었다는 점에서 더욱 친근감이 있다. 수많은 영험담을 통해 알 수 있듯이 역사와 문화 속에 다양한 형태로 녹아 있다. 필자 역시 그런 점에서 관음신앙을 매우 좋아한다. 관음보살에게 기도해 본 적은 없지만 인생이란 긴 여행에서 때로 의지처가 되고, 때론 친구가 되며, 때론 희망으로 다가온다. 그냥 관음보살이 있다는 것만으로도 정신적, 심리적 힐링이 된다.

언필칭 관음보살은 사랑의 화신이라 말한다. 박사과정 다닐 때의 일이다. 고인이 되신 홍정식 박사님께 대들었던 기억이 있다. 관음의 사랑은 공정하지도 정의롭지도 못하다고. 시대가 암울했기 때문이기도 하고, 필자의 나이가 젊어서이기도 하겠지만 그 무렵 내가 간절하게 원했던 것은 정의로운 사랑이었다. 비정상적인 방법으로 권력을 행사하는 사람들, 혹은 민주적이지 못하다고 생각하는 사람들이 활보하는 것에 대한 반감도 있었다. 그런데 신통방통하다고 생각했던 관음보살이 그들을 그렇게 그냥 바라보고 있다는 점이 못내 불만이었다.

홍정식 박사님은 치우친 사랑은 진정한 사랑이 아니라고 하셨다. 잘난 사람, 못난 사람을 구분하지 않고 않아주는 것이 관음의 사랑이라 하셨다. 구분과 차이를 초월한 사랑이 관음이라 하셨다. 그러면서 "차군은 아직 나이가 어려 이해하지 못하는 것 같아."라 하셨던 말씀이 아직도 기억난다.

관음에게서 악의 무리를 응징하는 모습을 기대하는 건 어리석은 일일까? 지나치게 자기중심적인 사람들, 타인을 이해하려고 하지 않거나 배려하려 하지 않는 사람들까지 사랑한다는 점은 문제가 아닐까? 어느 덧 60의 문턱을 서성거리면서 돌이켜 보면, 너 나를 가리지 않고 포용하거나 사랑하는 것은 역시 성인이 아니면 힘들다는 생각을 한다.

"사랑은 받는 것보다 주는 것이 아름답다."고 절규한 시인 유치진은 너무 진부한 것일까? 사랑을 주기보다는 사랑을 받고 싶은 마음이 강한 필자의 마음은 너무 속물적인가? 관음이 사랑의 화신이라 하더라도, 그의 사랑이 아가페적이기보다는 나 자신만을 사랑해 주길 바라는 마음, 아니 내게 사랑을 조금 더 나눠 주길 바라는 마음이 있는 것은 사실이다. 그렇지만 한 번도 그에게 사랑을 구걸한 적은 없다. 때론 관음의 보편적인 사랑을 이해한다. 그런 상징성이 좋기 때문이다. 가능하다면 나도 관음과 같은 종교적 실천을 완성하고픈 마음이다. 그래서일까. 관음은 늘 내게 심리적, 정신적인 안내자이자 언제나 힐링을 해주는 존재로 가슴속에 남아 있다.

2.

관음보살을 사모하는 마음이 그냥 생긴 것은 아니다. **법화경**을 전공하기도 했지만 모성처럼 포근하게 다가오기 때문일 것이다. 그런 저런 인연이 관음보살을 사모하게 만들었다. 인연이 그러한지라 **관세음보살 보문품문구기송**을 번역하게 되었다. 번역하면서도 느낀 것이지만 이 책에는 관음을 대중적인 귀의의 대상으로만 여기지 않고 수행으로 승화시키고자 하는 점이 잘 나타나 있다. 천태지의의 법맥에서 나타나는 두

드러진 특징이지만 단순한 구복과 기도의 대상으로 여겨지던 관음보살을 보다 종교철학적으로 인식하고, 수행의 차원으로 승화시키고 있는 것이다.

이 책은 **관세음보살보문품문구기송**을 번역한 책이다. 원래 1999년 봄에 천태산 국청사를 참배했는데, 그때 국청사 경내에 있는 서점에서 구입했다. 두껍지 않은 책이라 여행하면서 심심할 때 보면 좋겠다고 생각했다. 이후 귀국한 뒤에 잊고 지내다가 다시 책장에서 꺼내 보고 여가로 번역하게 되었다.

이 책의 뒷장에 있는 간기를 보면 민국 10년 7월에 북경각경처에서 간행된 것으로 밝히고 있다. 서기로는 1921년 7월이니까 신해혁명 이후 중국의 근대화 물결 속에서 불교를 중흥하려는 일환으로 북경에서 간행된 책임을 알 수 있다. 양인산 거사가 남경에 금릉각경처를 만들어 불경을 보급하기 시작한 뒤에, 그 영향으로 북경에서도 각경처가 건립되어 불서를 보급하게 되었을 것이라 추정된다.

그런데 한 권의 책으로 묶여져 있지만 문구와 기, 송은 원래 각각 별도의 책에 수록되어 있던 것을 보기 좋게 한 권으로 엮은 것이다. 즉 천태지의가 **법화경**을 주석한 책인 **법화경문구**(대정장34)에 나오는 〈관세음보살보문품〉 해석과, 당나라 중기에 활동한 천태종의 중흥조사인 형계담연이 다시 주석을 붙인 책인 **법화문구기**(대정장34)에 나오는 〈관세음보살보문품〉 해석, 그리고 송나라 때 활동한 자운준식이 저술한 **관음경보문품중송**(만자속장경35)을 한 책으로 묶은 것이다. 자운준식이 고려승 의통보운의 제자라는 점을 고려하면 한국불교와도 인연이 있다고 말할 수 있다. 관음보살이란 동일한 주제를 중심으로 세 분의 각기 다른 견해를 보기 좋게 묶었다는 점에서 관음신앙의 총결이라 평가할 수 있다.

　이 책은 초보자들에게는 어렵게 느껴지리라 본다. 일상적으로 알고 있는 관음보살과 달리 철학적, 수행적으로 해석하고 있기 때문이다. 특히 대중들에게 익숙하지 않은 천태의 일심삼관이나 삼제의 원리를 활용해 해석하고 있다는 점에서 대중들에게는 어렵게 느껴질 수밖에 없다. 그런 점이 필자가 이 책을 좋아하는 이유이기도 하다.

　천태지의라는 이름으로 **관음현의**와 **관음의소**라는 저술이 남아 있다. 혹자는 장안관정의 가필이 많아서 천태의 저술로 인정할 수 없다고도 하지만 관음신앙을 수행으로 승화시키고 있다는 점에서 사상적 상통점을 발견할 수 있다. 단순한 구복신앙의 한 형태인 관음보살이 아니라 수행과 구복을 융합하고 있다는 점에서 기존의 관음 인식과 차원을 달리한다.

　그리고 그런 점이 한국불교의 발전에 기여할 수 있다고 본다. 한국불교사상의 저변에 구복신앙과 관음신앙이 토대를 형성하고 있다는 점을 고려하면 한국의 관음신앙, 나아가 한국의 법화사상을 풍요롭게 하는 데 기여하리라 기대한다. 필자의 하찮은 노력이 불교계의 발전과 한국 종교문화의 번영에 기여하길 바라는 마음 크다.

2017년 2월

三東거사　차　차　석　합장

차   례

관세음보살보문품 품명을 풀이하다

觀世音菩薩普門品[1]
관세음보살보문품

[文句] 此品是常途王經 講者甚衆 今之解釋 不與他同. 別有私記兩卷. 略撮彼釋此題 有通有別 通有十雙 別有五隻.

⇒ 이 보문품은 떳떳한 길(상도)의 으뜸가는 경전(왕경)으로 강의하는 자가 매우 많았지만 지금의 해석은 다른 것과 다르다. 별도로 사기[2] 두 권이 있다. 이 제목의 해석을 간략히 요약해 보면 공통의 해석(통석)과 개별적인 해석(별석)이 있으니 통석은 10쌍이요 별석은 5척이다.

【각 주】────────
1) 제목을 해석하기 위해 품명이 앞에 나온 것이다. 보문품은 관음신앙의 근거이며, 중국 민간신앙 내지 동북아시아 민간신앙의 발전과 변형에 막대한 영향을 미치게 된다. 중국에선 자손을 점지해 주는 낭랑신앙과 결합하여 관음낭랑이라는 신조어가 출현하며, 이래 관음보살은 자손을 점지해 주는 보살로 중국 대중들 속으로 들어간다. 또한 해안을 중심으로는 관음과 용신앙이 융합하여 바닷길을 지켜주는 해신(海神)으로 자리 잡게 된다. 중국 관음신앙의 성지인 보타락가섬은 이러한 해신 신앙의 결과물이라 볼 수 있다. 중국의 내륙에선 자손을 점지해 주는 신으로 인식되고, 해안을 중심으로는 해신으로 숭배되고 있다는 점에서 관음은 중국의 민중과 분리해 생각할 수 없을 정도로 유착되어 있다. 물론 천태나 담연, 준식의 해석은 민간신앙 내지 속신앙과는 그 차원이 다르다. 관음을 고급스러운 신앙 내지 수행과 결부해 해석하면서, 대중들을 이성적이고 합리적인 신앙의 세계, 수행과 자기완성이라는 대승불교의 본질적인 세계로 인도하기 위해 노력하고 있다. 그런 점은 여전히 속신앙적인 요소가 지배하는 한국불교계의 관음신앙에도 많은 도움을 줄 수 있다고 본다.
2) 불교의 경론에 사사로운 견해를 붙여 해설한 것. 주석의 겸손한 표현.

[記] 初不云因緣等. 此通別解 具足三釋 唯闕觀心.

⇒ 처음에는 인연석 등을 말하지 않았다. 이유는 공통, 개별의 해석은 세 가지의 해석을 갖추고 있을 뿐이며 관심석은 빠져 있었기 때문이다.

[補註]3) 案天台文句多作四釋. 一因緣釋4) 二約敎釋5) 三本迹釋6) 四觀心釋.7) 今於此品 有闕觀心釋.

⇒ 천태대사 문구에 의거하면 대체적으로 네 가지의 해석이 있다. 첫째 인연석이요, 둘째 약교석이요, 셋째 본적석이요, 넷째 관심석이다. 지금 이 품에서는 관심석이 빠져 있다.

[文句] 十雙者 一人法乃至第十智斷8)云云. 觀世音者 人也 普門者 法也. 人有多種云云 法有多種云云. 依前問答 論觀世音人 依後問答 論普門法. 人法合題 故言觀世音普門品.

⇒ 10쌍은 첫째로 인(人)과 법의 관계에서부터 열 번째 지덕과 단덕의

【각 주】────
3) 보주(補註)는 자운 준식이 이해를 돕기 위해 첨가한 부분이다.
4) 인연석(因緣釋): 외도의 교리와 구분하기 위하여, 불교가 발생한 인연을 밝히고 해석한 것.
5) 약교석(約敎釋): 석존 일대 교설을 장교, 통교, 별교, 원교의 4가지로 나누고, 법화경의 내용을 그것에 준해서 해석한 것.
6) 본적석(本迹釋): 법화경의 내용을 부처님의 흔적을 드러낸 적문과 그 본래의 모습인 본문으로 나누어서 설명하고 해석한 것.
7) 관심석(觀心釋): 실제 자신이나 사물의 실체를 깊게 관찰(觀心)해야 한다는 수행의 실천적인 관점에서 해석한 것.
8) 지단(智斷): 진리를 밝히는 지덕(智德)과 번뇌를 끊는 단덕(斷德).

관계에 이르기까지를 언급한 것이다. 관세음은 인(人: 주체)이요, 보문은 법(法: 객체)이다. 인에 여러 종류가 있으면, 법에도 여러 종류가 있다고 말한다.

앞의 문답에 의거해 관세음의 인(人)을 논함이요, 뒤의 문답에 의지해 보문의 법을 논한다. 인(人)과 법을 합하여 제목을 삼았기 때문에 〈관세음보문품〉이라 말한다.

[記] 十雙中智斷下云云者 但次第標釋 不暇先列. 人法並云有多種 各注 云云者 並是示爲一實并七方便. 及以人法 前後問答. 前問如文 後問答 者 云何而爲衆生說法等是也.
二觀世音者 大悲拔苦 依前問答 百千苦惱 皆得解脫. 普門者 大慈與樂 依後問答 應以得度而爲說法也.
三觀世音者 智慧莊嚴 智能斷惑 如明時無闇. 普門者 福德莊嚴 福能轉壽 如珠雨寶[9]者也.

⇒ 10쌍 중에서 지덕과 단덕 아래로 언급한 것은 다만 차례대로 표제에 따라 해석한 것이니, 이전의 사례를 설명할 여가가 없다. 인과 법에 여러 종류가 있다고 하면서 각주로 운운하는 것은 하나의 진실에는 일곱 가지의 방편이 있다는 것을 보여주는 것이다. 인과 법에 이르러 앞과 뒤에서 문답한다. 앞의 물음은 경문과 같고, 뒤의 질문에 대답하는 것은 어떻게 중생을 위해 설법할 것인가 등이 여기에 해당한다.

둘째, 관세음은 대비(大悲)로 중생의 고통을 제거하는 것이니, 앞의 문답에 의거하면 백 천 가지의 고뇌에서 모두 해탈을 얻는 것이다. 보문은 대자(大慈)로 중생들에게 즐거움을 주는 것이니, 뒤의 문답에 의거하면 응당 피안에 건너갈 수 있도록 법을 설하는 것이다.

셋째, 관세음은 지혜의 장엄이니, 지혜로 미혹을 끊어 없애되 밝을 때는 어둠이 없는 것과 같다. 보문은 복덕의 장엄이니, 복으로 수명을 늘릴 수 있는 것이 여의주가 보물을 비처럼 내리게 하는 것과 같다.

[記] 福能轉壽者 羅漢[10]尚能迴福爲壽 況普門示現.[11] 以不思議福 轉成種智[12] 卽福智[13]不二. 名之爲轉. 方例九雙. 如珠雨寶者 所轉若成 不思議福 不同下位.

⇒ 복이 능히 수명을 연장할 수 있다는 것은 나한도 복을 돌려서 수명으로 삼을 수 있다고 했는데, 하물며 보문으로 시현하는 것이야 말할 것이 있겠는가? 불가사의한 복을 굴려서 일체종지를 완성하는 것이다. 바로 복덕과 지혜는 둘이 아니므로 그것을 이름하여 전환시킨다(轉)고 하는 것이다. 바야흐로 9쌍을 사례로 삼는다. 여의주가 보배를 비처럼 내리는 것과 같다는 것은 굴려서(所轉)[14] 이루어질 것 같으면 불가사의한 복이니 아래의 (수행) 계위와는 다르다.

【각 주】

9) 여주우보(如珠雨寶): 주(珠)는 마니주니 여의주라고 한다. 마니주에서는 어떤 보배라도 뜻대로 된다는 뜻. 따라서 보배를 비처럼 내리게 할 수 있다는 것은 어떠한 인간의 욕망도 충족시켜 줄 수 있다는 의미가 된다.

10) 나한(羅漢): 불교에서 수행을 통하여 온갖 번뇌를 끊고 궁극적으로 깨달음을 얻어 세상 사람들로부터 공양을 받을 만한 모든 공덕을 갖춘 성자.

11) 보문시현(普門示現): 관세음보살이 중생을 제도하기 위해 각 중생의 수준에 알맞은 모습으로 변하여 뜻대로 이루게 된다는 뜻.

12) 종지(種智): 삼지(三智)의 하나. 만물이 본래 공(空)이며, 평등, 무차별임을 앎과 동시에 현상으로서 출현하는 제상(諸相)을 모두 아는 부처의 최고 지혜.

13) 복지(福智): 복덕(福德)과 지혜(智慧)를 아울러 이르는 말.

14) 원문은 소전인데 이 의미는 가르침을 듣고 변하는 것을 의미한다. 즉 중생의 입장에서 가르침을 듣고 변하는 것은 가르침에 굴림을 당하는 것과 같다는 의미에서 표현한 것이다.

[補註] 宋從義法師法華三大部補註云 所言羅漢尙能轉福爲壽者. 大論云 不壞法羅漢 於深禪定15)而得自在16) 能起頂禪 得此頂禪 能轉福爲壽轉壽 爲福

⇒ 송나라 종의법사의 **법화삼대부** 보주에서 이르기를 "이른 바 나한도 오히려 복을 전환시켜 수명으로 삼는다."고 했다. **대론**(대지도론)에서 말하길 "허물어지지 않는 법은 나한을 깊은 선정에서 자유자재함을 얻게 하고, 최정상의 선을 일으키게 할 수 있다."고 하였다. 이처럼 최정상의 선정을 얻으면 복을 전환시켜서 수명이 되도록 할 수 있고, 수명을 전환시켜서 덕으로 삼을 수 있는 것이다.

[文句] 四觀世音者 觀冥於境 卽法身也. 普門者 隨所應現 卽應身也. 五 觀世音者 如藥樹王17) 徧體愈病 普門者 譬如意珠18)王 隨意所與.

⇒ 넷째, 관세음은 관(觀: 보는 주체)이 경(境: 관찰의 대상, 즉 중생)에 은연중에 합치하는 것이니 바로 법신이다. 보문은 장소에 따라 감응하여 나타나는 것이니, 바로 응신이다.

다섯째, 관세음은 약수왕이 몸에 가득하여 병을 치료하는 것이요, 보문은 예컨대 여의주왕이 원하는 바에 따라 (원하는 것을) 주는 것과 같다.

【각 주】
15) 선정(禪定): 참선하여 마음의 내면을 닦아 삼매경(三昧境)에 이름.
16) 자재(自在): 부처나 보살이 갖추고 있는 힘으로서의 자재력. 모든 현상의 요인을 제어하는 힘. 모든 것을 자기의 의지에 따르게 하는 초자연적인 힘.
17) 약수왕(藥樹王): 양약을 베풀어 중생의 몸과 마음의 병을 치료해 주는 보살.
18) 여의주(如意珠): 모든 악과 재난을 없애 줄 뿐 아니라 소원을 성취시켜 주는 불가사의한 힘을 지닌 보배 구슬.

[補註] 補註云 藥樹王者 大涅槃云 譬如藥樹 名曰藥樹 於諸藥中 最爲殊勝 能滅諸病. 如意珠王. 如大品云 其珠著身 暗中得明 熱時得涼. 又止觀云 天上勝寶 狀如芥粟 有大功能 稱意雨寶.

⇒ 보충하는 주석에서 이르길 "약수왕은 **대열반**에서 이르길 '예컨대 약나무(약수)는 모든 나무 중에서 으뜸(수왕)이라 한다. 일체의 약 중에서 가장 뛰어나서 모든 병을 없앨 수 있다.'고 한다. 여의주왕은 **대품**(대품반야경)에서 이르길 '그 구슬을 몸에 지니고 있으면 어둠 가운데서도 밝음을 얻을 수 있고, 뜨거울 때는 시원함을 얻을 수 있다.'고 했다. 또한 **마하지관**에서 이르길 '천상의 뛰어난 보배는 모양이 겨자나 밤 같아서 큰 공능을 지니고 있다. 그래서 마음대로 보배를 뿌린다.'고 한다."

[記] 如意珠者 珠具多德. 具如止觀第五.

⇒ 여의주란 구슬에 많은 공덕을 갖추고 있는 것이다. 갖춘다는 것은 지관 제5와 같다.

[文句] 六觀世音者 冥作利益 無所見聞. 三毒[19]七難[20]皆離 二求兩願[21] 皆滿也. 普門者 顯作利益 自覩三十三聖容[22] 耳聞十九尊教[23]也.

⇒ 여섯째, 관세음은 은연중에 이익을 주되 남들이 느끼지 않게 한다. 3독 7난을 모두 여의고 2구양원을 모두 채우는 것이다. 보문이란 드러내 놓고 이익을 주되, 눈으로는 33가지의 (관음의) 성스러운 용모를 보고, 귀로는 19가지의 존귀한 가르침을 듣는 것이다.

[補註] 補註云. 二求兩願者 二求卽兩願 爲對三毒七難故云也.

⇒ 보충하는 각주에서 이르길 "2구양원에서 2구는 바로 두 가지의 소원(양원)이다. 3독 7난을 대치하기 위해서 언급한 것이다."라 한다.

【각 주】 ────────

19) 삼독(三毒): 사람의 착한 마음을 해치는 세 가지 번뇌. 욕심, 성냄, 어리석음 따위를 독에 비유하여 이르는 말.

20) 칠난(七難): 이 세상의 일곱 가지 재난. 수난(水難), 화난(火難), 나찰난(羅刹難), 왕난(王難), 귀난(鬼難), 가쇄난(枷鎖難), 원적난(怨賊難).

21) 이구양원(二求兩願): 딸과 아들 낳기 바라는 두 가지 소원.

22) 삼십삼성용(三十三聖容): 중생을 구제하기 위해 여러 몸을 나타낸다 하여 예로 들어진 것이 서른셋에 이르므로, 이를 삼십삼신(三十三身)이라 한다. 그 중에는 범부의 몸도 없지 않으나 관세음보살의 변현(變現)이므로 성용(聖容).

23) 십구존교(十九尊教): 관세음보살이 나타내는 몸은 33이나, 비구·비구니·우바새·우바이와, 장자·거사·재관·바라문의 부녀와, 동남·동녀와, 천·용·야차·건달바·아수라·가루라·긴나라·마후라가의 경우는, 한데 묶어서 법을 설했으므로 열아홉 가지 설법을 하신 것.

[文句] 七觀世音者 隨自意照實智$^{24)}$也 普門者 隨於他意照權智$^{25)}$也. 八觀世音者 不動本際$^{26)}$也 普門者 迹任方圓也. 九觀世音者 根本是了因$^{27)}$種子 普門者 根本是緣因$^{28)}$種子也. 十觀世音者 究竟$^{29)}$是智德 如十四夜月光也. 普門者 究竟是斷德$^{30)}$ 如二十九夜月 邪輝將盡也. 經文兩問答含無量義 始從人法 終至智斷 釋品通名 其義如是.

⇒ 일곱째, 관세음은 자신의 의지를 따라(수자의) 진실한 지혜(실지)를 관조하는 것이요, 보문은 다른 사람의 의지를 따라(수타의) 방편의 지혜(권지)를 관조하는 것이다.

여덟째, 관세음은 움직이지 않는 본래의 궁극적 자리(본제)요, 보문은 자취가 그때그때의 형편(방원)$^{31)}$에 맡기는 것이다.

아홉째, 관세음은 근본이 요인의 종자요, 보문은 근본이 연인의 종자이다.

열째, 관세음은 본질이 바로 지덕이니 14일 밤의 달빛과 같다. 보문은 본질이 단덕이니 29일 밤의 달과 같아서 삿된 빛이 장차 사라지려는 것과 같다. 경문의 두 문답은 무량한 의미가 포함되어 처음에는 인(人)과 법을 쫓아 나중에는 지단에 이르니 품의 통명을 해석함에 그 의미가 이와 같다.

【각 주】 ────────
24) 실지(實智): 진실을 바르게 깨닫고 받아들이는 참된 지혜.
25) 권지(權智): 부처가 중생을 제도(濟度)하고 교화하기 위해 쓰는 여러 가지 방편의 지혜.
26) 본제(本際): 근본적인 궁극의 경지. 진여(眞如), 열반(涅槃)을 가리킴.
27) 요인(了人): 진여의 이치를 비추는 지혜.
28) 연인(緣因): 세간의 일체 복덕과 선행.
29) 구경(究竟): 지극히 높은 경지. 모든 법의 실상(實相)을 가리킴.
30) 단덕(斷德): 모든 번뇌를 끊어버린 부처님의 덕.
31) 방원(方圓): 모난 것과 둥근 것. 그때그때의 형편.

[文句] 別論五隻者 一觀也. 觀有多種. 謂析觀 體觀 次第觀 圓觀. 析觀[32] 者 滅色入空也 體觀[33]者 卽色是空也. 次第觀者 從析觀乃至圓觀也. 圓觀者 卽析觀是實相 乃至次第觀亦實相也. 今簡三觀[34] 唯論圓觀. 文云 普門 觀若不圓 門不稱普 卽此義也.

⇒ 별도로 5척을 논하자면, 첫째, (관세음에서) 관이다. 관은 여러 종류가 있다. 석관, 체관, 차제관, 원관이다. 석관은 색을 없애고 공에 들어가는 것이요, 체관은 색에 상즉하는 것이 바로 공인 것이다. 차제관은 석관으로부터 원관에 이르는 것이다. 원관이란 석관에 상즉하는 것이 실상이며, 또 차제관에 상즉하는 것도 역시 실상이라 보는 것이다. 이제 삼관을 간략하게 정리하고, 다만 원관만을 논할 뿐이다. 경문에서 보문이라 하는데, 관조하는 것이 원융하지 않으면 (출입하는) 문도 역시 보편적이라 지칭할 수 없으니, 바로 이런 뜻이다.

【각 주】────────
32) 석관(析觀): 어떤 사물을 그 구성 요소로 분석하여 그것에 실체가 없음을 이해하는 방법. 분석적 관법.
33) 체관(體觀): 분석적 방법에 의존하지 않고 사물 그대로가 전체적으로 공이라 파악하는 관법. 석관이 소승인데 대해 대승의 관법.
34) 삼관(三觀): 석관, 체관, 차제관.

[文句] 世者 若就於行 先世後觀. 若就言說 先觀後世. 今從說便 故後論世. 世亦多種. 謂有爲世[35] 無爲世[36] 二邊世[37] 不思議世.[38] 有爲世者 三界[39]世也. 無爲世者 二涅槃[40]也 二邊世者 生死涅槃也 不思議世者 實相境也. 簡却諸世 但取不思議世也.

⇒ (관세음에서) 세상(世)이란 만일 수행한다는 입장에서 보자면 먼저 세가 있고, 뒤에 관조하는 것이다. 만약 언설의 입장이라면 먼저 관조가 있고, 뒤에 세가 있어야 한다. 지금은 언설의 편의에 따르기 때문에 뒤에서 세를 논하는 것이다. 세상 역시 많은 종류가 있다. 유위세, 무위세, 이변세[41], 불사의세 등이다. 유위세는 삼계의 세상이다. 무위세는 두 가지의 열반[42]이요, 이변세는 생사열반의 세상이요, 불사의세는 실상의 경지이다. 이제 여러 세계에 대해서는 간략하게 정리하고, 단지 불가사의한 세상만을 채택한 것이다.

【각 주】 ────────
35) 유위세(有爲世): 인연에 의해 이루어져 생멸 변화하는 세계. 미혹의 세계. 범부의 세계.
36) 무위세(無爲世): 인연으로 이루어진 것이 아닌 세계. 생멸을 초월한 절대 진실의 세계. 열반의 세계. 이승의 세계.
37) 이변세(二邊世): 대립의 세계. 지전보살의 생사 열반이 대립하는 세계.
38) 불사의세(不思議世): 부처님이나 대보살의 불가사의한 실상의 경지.
39) 삼계(三界): 욕계. 색계. 무색계.
40) 이열반(二涅槃): 유여열반(有餘涅槃)과 무여열반(無餘涅槃).
41) 양극단의 세상, 즉 분별과 망상 속에서 모든 것을 자기중심적으로 분석하고 분류하는 대립과 갈등의 세상.
42) 유위열반과 무위열반을 지칭한다.

[文句] 音者 機也. 機亦多種. 人天機 二乘機 菩薩機 佛機. 人天機者 諸惡莫作 諸善奉行也. 二乘機者 厭畏生死 欣尙無爲也. 菩薩機者 先人後己 慈悲仁讓[43]也. 佛機者 一切諸法中 悉以等觀入 一切無礙人 一道出生死也. 簡郤諸音之機 唯取佛音之機而設應. 以此機應因緣 故名觀世音也.

⇒ 음(소리)이란 근기(根機)이다. 근기에도 여러 종류가 있다. 인천의 근기, 이승의 근기, 보살의 근기, 부처님의 근기이다. 인천의 근기란 일체의 악은 범하지 않고, 모든 선은 받들어 행하는 것이다. 이승의 근기란 생사를 싫어하고 두려워하면서도 기쁘게 무위를 숭상하는 것이다. 보살의 근기란 남을 앞에 세우고, 자신을 뒤에 두는 자비와 인양(仁讓)의 마음이다. 부처님의 근기란 일체 모든 존재 중에 그들을 다 평등하게 관조해 들어가는 것이니, 일체에 걸림이 없는 사람이요 한 길로 생사에서 벗어나는 것이다. 모든 소리(음)의 근기를 간략하게 정리하고, 오직 부처님 소리의 근기만을 채택하여 감응을 베푸는 것이다. 이러한 기응(감응도교)의 인연 때문에 관세음이라 부른다.

【각 주】 ─────────

43) 자비인양(慈悲仁讓): 인(仁)은 사랑이므로 자(慈)와 통하고, 양은 남을 생각하여 양보하는 뜻이므로 비(悲)와 비슷하니 자비와 인양은 거의 같은 말이다.

[文句] 普者 周偏也. 諸法無量. 若不得普 卽是偏法. 若得普者 則是圓法. 故思益⁴⁴⁾云 一切法邪 一切法正. 略約十法明普 得此意已 類一切法無不是普. 所謂慈悲普 弘誓普 修行普 離惑普 入法門普 神通普 方便普 說法普 成就衆生普 供養諸佛普. 始自人天 終至菩薩 皆有慈悲. 然有普有不普. 生法兩緣. 慈體既便 被緣不廣 不得稱普. 無緣與實相體同.

⇒ 보(普)란 두루 미친다는 것이다. 모든 존재는 헤아릴 수 없이 무량하다. 만약 두루 미치지 않는다면 이것은 바로 치우친 진리(편법)이다. 만약 두루 미칠 수 있다면 이것이 바로 원만무애한 진리(원법)이다. 그러므로 **사익경**에서 이르길 "일체의 법은 어긋나기도 하고, 일체의 법은 올바르기도 하다."고 한다. 대략 열 가지 법의 입장에서 보(普)를 밝히는데, 이 뜻을 알고 나서 일체의 존재를 유추해 보면 보 아닌 것이 없다. 소위 자비보, 홍서보, 수행보, 이혹보, 입법문보, 신통보, 방편보, 설법보, 성취중생보, 공양제불보이다.

처음의 인천(人天)으로부터 나중의 보살에 이르기까지 모두 자비를 지니고 있다. 그러나 보를 지니고 있기도 하고, 보가 아닌 것을 지니고 있기도 하다. 존재를 발생시키는 데는 두 인연이 있다. 자비의 주체가 이미 치우쳐 있다면 인연이 되는 것도 넓지 않아서 보라고 지칭할 수 없다. 조건 없음(無緣)과 실상은 본질이 동일한 것이다.

【각 주】————————
44) 사익(思益): **思益梵天所問經**.

[文句] 其理旣圓 慈靡不徧. 如磁石吸鐵 任運相應. 如此慈悲 徧熏一切 名慈悲普. 弘誓普者 弘廣也. 誓制也. 廣制要心 故言弘誓. 弘誓約四諦 起. 若約有作無生無量四諦者 收法不盡 不名爲普. 若約無作四諦[45]者 名 弘誓普也. 修行普者 例如佛未值定光佛[46]前 凡有所修 不與理合. 從得記 已 觸事卽理. 理智歷法而修行者 無行而不普也.

斷惑普者 若用一切智 道種智[47] 斷四住[48]塵沙[49]等惑 如斮枝條 不名斷 惑普. 若用一切種智斷無明者 五住[50]皆盡 如除根本 名斷惑普. 入法門 普者 道前名修方便 道後所入 名入法門. 若二乘以一心入一定 一心作一 不得衆多. 又爲定所縛 故不名普. 若歷別諸地淺深階差 亦不名普. 若入 王三昧 一切三昧 悉入其中 不起滅定 現諸威儀 故名法門普.

⇒ 그 이치가 이미 원만하다면 사랑도 보편적이다. 마치 자석이 쇠를 흡수하듯이 마음대로 운용하며 상응한다. 이러한 자비는 두루 일체에 스

【각 주】

45) 사제(四諦): 불교의 기본적 실천세계를 보이신 네 가지 진리. 고제, 집제, 멸제, 도제.

46) 정광불(定光佛): 연등불이니 석존에게 수기하신 과거불.

47) 도종지(道種智): 삼지의 하나. 도지(道智)·도종지(道種智). 천태는 일체지, 도종지, 일체종지의 세 종류로 지혜를 구분하고, 각각 수행의 결과가 다른 것으로 간주한다. 최상의 지혜는 일체종지라 규정한다.

48) 사주지의 미혹을 지칭한다. 4주란 욕계의 왜곡된 일체의 견해를 지칭하는 견일체주지, 욕계의 여러 가지 왜곡된 사려를 지칭하는 욕애주지, 색계의 왜곡된 생각을 지칭하는 색애주지, 무색계의 왜곡된 일체의 사념을 지칭하는 유애주지를 말한다. 첫째인 견일체주지는 견혹에 해당되고, 뒤의 나머지 셋은 사혹에 해당한다.

49) 진사혹은 3혹의 하나이다. 3혹이란 견사혹, 진사혹, 무명혹이다. 여기서 진사혹이란 보살이 중생을 교화할 때, 마음이 어두워 무량한 법문을 이해하여 자유자재하게 구제하지 못하는 것을 말한다.

50) 4주의 미혹에 무명의 미혹을 더하여 오주지혹(五住之惑)이라 부른다. 여기서 오주는 오주지혹의 약어다.

며들게 되는 데, 이것을 자비보라 이름 한다.

홍서보에서 홍(弘)은 넓다는 의미이다. 서(誓)는 제어한다는 의미이다. 광범하게 핵심적인 마음을 제어하기 때문에 홍서라 한다. 홍서(弘誓)란 사성제의 입장에서 일어난 것이다. 만약 유작, 무생, 무량의 사성제의 입장이라면 모든 존재를 다 거두어들이지 못하므로 보라고 할 수 없다. 만약 무작사제의 입장이라면 홍서보라 이름 한다.[51]

수행보는 예컨대 (석가모니)부처님께서 아직 정광불을 만나기 이전에도 수행한 바가 있었지만 진리와 합치되지 않은 것과 같다. 수기를 얻은 이래로 마주치는 일마다 바로 진리가 되었다. 진리와 지혜가 법에 따라 수행한다면 두루 미치지 않는 수행은 없는 것이다.

단혹보란 만약 일체지와 도종지로 사주와 진사 등의 의혹을 끊는다면 그것은 가지를 제거하는 것과 같은 것이라 단혹보라 이름 할 수 없다. 만약 일체종지로 무명을 끊는다면 오주의 미혹이 소진할 것이니 근본을 제거하는 것과 같으며, 단혹보라 이름 한다.

입법문보는 수도 이전에는 방편을 닦는다고 이름하고, 수도 이후에 들어가게 되므로 법문에 들어간다고 이름 한다. 만약 2승이라면 일심으로 하나의 선정에 들어가고 일심으로 하나를 만들므로 여러 가지를 얻지 못한다. 또한 선정에 얽매이게 되기 때문에 두루 미친다(普)고 하지

【각주】 ────────

51) 천태종에서는 **열반경**에 나오는 4종의 사성제를 장통별원의 4교에 대입해 해석한다. 즉 4성제의 인과는 그대로 생멸이 있다고 관조하는 유작사제 혹은 생멸사제, 4성제에 대한 미오(迷悟)의 인과는 모두 공하여 없는 것이므로 생멸하는 일이 없다고 관조하는 무생사제 혹은 무생멸사제, 일체의 현상은 무명에서 생기므로 무량한 차별이 있고 따라서 사제에도 무량한 모습이 있다고 관조하는 무량사제, 깨닫거나 깨닫지 못한 미혹과 같이 대립하는 모순의 상태 그대로가 모순이 아니라고 관조하는 무작사제가 그것이다. 유작사제는 장교의 원리, 무생사제는 통교의 원리, 무량사제는 별교의 원리, 무작사제는 원교의 원리라 한다. 이러한 해석은 천태 특유의 방식이며, 약교석이라 한다.

않는다. 만약 모든 경지의 얕고 깊은 단계의 차이를 분별하는데 따른다면 역시 두루 미친다(普)고 하지 않는다. 만약 왕삼매나 일체의 삼매에 들어간다면 모두 그 가운데 들어가되 선정을 없애는 일이 일어나지 않고 모든 위의(威儀: 행동거지)가 나타나기 때문에 법문보라 이름 한다.

[文句] 神通普者 大羅漢天眼[52]照大千[53] 支佛照百佛世界 菩薩照恒沙世界 皆緣境狹 發通亦偏. 若緣實相修者 一發一切發. 相似神通如上說. 況眞神通而非普耶. 方便普者二種. 道前方便 修行中攝. 道後又二. 一者法體 如入法門中說. 二者化用 如今說. 逗機利物 稱適緣宜. 一時圓徧 雖復種種運爲 於法性實際而無捐減. 是名方便普. 說法普者 能以一妙音 稱十法界[54]機. 隨其宜類 俱令解脫 如修羅琴 故名說法普.

⇒ 신통보란 위대한 아라한은 천안으로 대천세계를 비추어 보고, 벽지불은 백 가지 부처의 세계를 비추어 보고, 보살은 항사의 세계를 비추어 보지만 모두 경계에 연유하는 것이 좁고, 신통을 발휘하는 것 역시 편협하다. 만약 실상에 연유해서 수행한다면 한 번 펼치는 것이 일체를 펼치는 것이 된다. 서로 흡사한 신통이 이상에서 설한 것과 같다. 하물며 참다운 신통으로서 어찌 두루 미치지(普) 않을 것인가?

　　방편보는 두 종류가 있다. 수도 이전의 방편은 수행하는 가운데 수용이 된다. 수도 이후에는 또한 두 가지가 있다. 하나는 법의 본체인데 입법문보 중에서 설한 것과 같다. 두 번째는 교화의 작용인데 지금 설하는 것과 같다. 근기에 맞추어 만물을 이익 되게 하되 적절한 인연의 마땅함에 따르는 것이다. 일시에 원융하고 치우침이 없는 것이니, 비록 여러 가지로 운용한다고 하더라도 법성과 실제(實際)에선 줄이거나 덜 것이 없다. 이것을 방편보라 한다.

설법보란 하나의 미묘한 음성으로 십법계의 근기를 만족하게 한다. 그 마땅한 부류에 따라 함께 해탈하게 하니, 아수라의 거문고와 같기 때문에 설법보라 한다.

[補註] 補註云. 修羅琴者 大論云. 法身菩薩化無量身 度主說法 而菩薩心 無所分別 如修羅琴. 常自出聲 隨意而作 無人彈者.

⇒ 보충하는 주석에서 이르길 "수라의 거문고란 **대론**에서 말하길 '법신 보살이 헤아릴 수 없이 많은 몸으로 변화하여 중생을 제도하는 설법을 하지만 그러나 보살의 마음에 분별하는 바가 없으니 마치 아수라의 거문고와 같은 것이다. 항상 저절로 소리를 내되 마음대로 연주를 하니, 연주하는 사람이 없는데도 튕겨지는 것이다." 했다.

[文句] 成就衆生普者 一切世間及出世間 所有事業 皆菩薩所爲. 鑿井造舟 神農嘗藥 雲蔭日照 利益衆生 乃至利益一切賢聖. 示敎利喜[55] 令入三菩提 是名成就衆生普.

⇒ 성취중생보[56]란 일체의 세간과 출세간에서 펼쳐지고 있는 사업은 모두 보살이 하는 것이다. 샘을 파고 배를 만들며 신농씨가 약을 달이고, 구름이 해의 비춤을 가려서 중생들을 이롭게 하거나 내지는 일체 성현을 이롭게 한다. 가르침을 보여주고 가르치고 이롭게 하고 기쁘게 하는 것(示敎利喜)으로 깨달음에 들어가게 하므로 이것을 성취중생보라 이름 한다.

【각 주】────────

55) 시교이희(示敎利喜): 먼저 그 가르침의 대체의 뜻을 설하여 보이고, 다음에는 그 깊은 뜻을 자세히 분석하여 가르치며, 다시 더 나아가서 그것을 실행해서 이익을 얻도록 하여 기쁘게 하다라는 뜻.

56) 성취중생보란 의미상으로는 중생을 성취시키는 보편성이라는 의미이다. 중생을 성숙시키고 원만하게 만든다는 점에서 고도의 종교적 의미가 담겨져 있다. 대승보살사상의 정신이 내포되었다고 말할 수 있다.

[文句] 供養諸佛普者 若作外事供養 以一時一食一華一香 普供養一切佛 無前無後. 一時等供 於一塵中 出種種塵 亦復如是. 若作內觀者 圓智導衆行 圓智名爲佛. 衆行資圓智 卽是供養佛. 若行資餘智 不名供養普. 衆行資圓智 是名供養普.

⇒ 공양제불보[57]란 만약 바깥일의 공양을 만들어서 일시에 한 끼의 식사(一食)나 한 송이의 꽃(一華), 혹은 하나의 향(一香)으로 두루 일체의 부처님을 공양하되, 이전에도 없었고 이후에도 없다. 일시에 평등하게 공양하되 하나의 티끌(一塵) 속에서 다종다양한 티끌이 나오는 것도 또한 모두 이와 같다.

만일 내면을 관조(內觀)한다면 원융한 지혜(圓智)로 다양한 행업을 인도하므로 (이런 경우) 원융한 지혜를 부처라 이름 한다. 다양한 행업은 원융한 지혜를 돕는 것이니 바로 이것이 부처를 공양하는 것이다. 만약 행업이 나머지의 지혜를 도와주면 공양보라 이름 하지 않는다. 다양한 행업이 원융한 지혜를 도우면 이것을 공양보라 이름 한다.

【각 주】 ————
57) 공양제불보란 일체의 부처님을 공양하는 보편성이란 의미이다. 일체의 부처님이란 무수한 부처님을 의미하며 여기에 대승불교사상의 특징이 있다.

[記] 鑿井等者 如華嚴云. 若有世界初成時 衆生所須資生具 菩薩爾時爲
工匠 終不造作殺生器. 門者 從假入空 空通而假壅. 從空入假 假通而空
壅. 偏通則非普. 壅故非門. 中道非空非假 正通實相. 雙照二諦 故名普
正通故名門. 普門圓通. 義則無量 略擧其十 類則可知. 此品猶是普現三
昧化他流通也. 又爲三 一問 二答 三聞品得盆. 問答兩番.

⇒ 우물을 파는 것(鑿井) 등은 **화엄경**에서 말한 것과 같다. 만약 어떤 세
계가 처음 이루어질 때 중생들이 생활을 돕는 도구를 필요로 하게 된다
면 보살은 이때 공구를 만드는 장인이 되더라도 끝끝내 살생의 기구를
만들지 않는다.
문이란, 가를 따라 공에 들어가는 것(종가입공)이라면 (그것은) 공에는 통
하지만 가에는 막힌 것이다. 공을 따라 가에 들어가는 것(종공입가)이라면
가에는 통하지만 공에 막힌 것이다. 치우친 소통은 보편적인 것이 아니
다. 막혔기 때문에 문이 아니다. 중도는 공도 아니고 가도 아니어서 바로
실상에 통한다. (진제와 속제의) 두 가지 진리를 동시에 관조(雙照)하기 때
문에 보편적(普)이라 이름하고, 올바로 통하기 때문에 문이라 한다.
　보문이란 원융무애하게 통하는 것이다. 의미는 헤아릴 수 없이 많지
만 대략 열 가지를 열거할 수 있으니, 유추하면 알 수 있다.
　이 〈보문품〉은 보현색신삼매로 남을 교화하여 유통시키는 것이나 마
찬가지다. 문단의 구성은 셋으로 되어 있으니, 첫째는 질문이요, 둘째는
대답이며, 셋째는 보문품을 듣고 이익을 얻는 것이다. 문답은 두 번이다.

무진의보살이 여쭈다

爾時 無盡意菩薩 卽從座起 偏袒右肩 合掌向佛 而作是言.
世尊 觀世音菩薩 以何因緣 名觀世音.

이때 무진의보살이 바로 자리에서 일어나 오른쪽 어깨를 드러내고 합
장하며 부처님께 이렇게 말씀했다.
세존이시여! 관세음보살은 무슨 인연으로 관세음이라 부릅니까?

[文句] 初番問爲二. 初經家敍時者 說東方菩薩竟 次說西方菩薩時也 其
一. 說東方生善竟 次說西方生善時 其二. 說東方斷疑竟 次說西方斷疑時
其三. 說東方得道竟 次說西方得道時 其四.

⇒ 첫 번째 물음에 두 가지가 있다. 처음에 경전에서 시기를 서술하는
이유는, 동방의 보살을 설하고 나서 다음에 서방의 보살을 설하는 때
이니 그것이 첫째이다. 동방에서 선행을 일으킨다고 설하고 나서 다음
으로 서방에서 선행을 일으킨다고 설하는 때이니 그것이 두 번째이다.
동방에서 의심을 끊는다고 설하고 나서 다음으로 서방에서 의심을 끊
는다고 설하는 때이니 그것이 세 번째이다. 동방에서 득도한다고 설하
고 나서 다음으로 서방에서 득도한다고 설하는 때이니 그것이 네 번째
이다.

[記] 初略如釋籤中.

⇒ 처음은 간략하니 석첨 중에서 설한 것과 같다.

[補註] 案謂法華玄義釋籤.

⇒ 생각건대 **법화현의석첨**[58]을 말하는 것이다.

[記] 初釋爾時 注其四者 四悉耳. 若消文意令會四悉. 說東方菩薩等者. 問 何以前云召 今言說. 答 前文初召須云召. 今是說竟故云說. 故品後云 說是品時.

⇒ 처음에 '이때'를 해석하는데 네 가지에 주의하니 사실단이다. 만약 문장의 의미를 풀이하자면 사실단을 알게 하는 것이다. 동방의 보살 등을 설한다는 것은, 묻건대 왜 앞에서 부른다고 하지 지금에서야 말하는 가? 대답하자면 앞의 문장에서 처음에 부른다면 반드시 부른다고 말해야만 한다. 이제 이 설명을 마쳤기 때문에 설한다고 말한다. 그러므로 보문품 뒤에서 말하길 '이 보문품을 설할 때'라 한 것이다.

[補註] 案文句判釋妙音品云 放光東召故記云云.

⇒ 생각건대 (천태의) **법화문구**는 〈묘음보살품〉을 판석하여 "동쪽에 빛을 뿌려서 부른다(방광동소)라 했기 때문에 (형계담연의) 기에서 운운한 것"이라 한다.

[記]二處皆有初聞名時 即世界也. 皆有隨應爲說 即爲人也. 皆有答問得
三昧由 即除疑[59]也. 皆有聞品得益不同 即得道也.
無盡意者 大品明空則無盡 大集明八十盡門. 淨名云. 夫無盡者 非盡非無
盡 故名無盡. 總三經用三觀三智釋無盡也.

⇒ 두 곳에는 모두 '처음 이름을 들었을 때'가 있으니 바로 세계실단이
다. 모두 감응에 따라서 설하게 되는 것이니 바로 위인실단(사람을 위한
진리)이다. 모두 문답으로 삼매를 얻게 되는 이유가 있으니 바로 의심을
제거하는 것(대치실단)이다. 모두 〈보문품〉을 듣고 얻는 이익이 동일하지
않으니 바로 도를 얻음(得道: 제일의실단)이다.

　무진의란, **대품반야경**에선 "공이 다함이 없다(無盡)"고 밝히고 있으며,
대집경에선 "80가지의 다함이 없는 법문(무진문)"을 밝히고 있다. **정명경**
에서 이르길 "대저 무진이란 다함도 아니요 다함이 없는 것도 아니다.
그러므로 다함이 없다(무진)"고 한다. 종합적으로 살펴보면 세 경전은
모두 삼관(三觀)[60]과 삼지(三止)[61]를 써서 다함이 없다(무진)는 것을 해석
한 것이다.

【각 주】──────────
58) 천태지의가 저술한 법화현의에 대한 형계담연의 해설서. 20권에 이르는 방대한 분량이다.
59) 제의(除疑): 의혹을 제거함.
60) 종가입공관, 종공입가관, 중도제일의관을 지칭한다.
61) 삼관에 대비하여 천태지의가 수립한 수행법. 일체의 만상은 인연에 의하여 생긴 것이므로
　　그 본체가 공하다는 사실을 요달하여 마음을 움직이지 않는 체진지, 공하다는 것을 알면서
　　도 가유(假有)의 존재를 긍정하여 기류(機類)에 응하여 설법하는 방편수연지, 체진지는 공
　　에 치우치고 방편수연지는 가에 치우치므로 공가의 2변에 치우치지 않는 중도의 이치를 요
　　달하여 마음에 움직임이 없는 것인 식이변분별지가 여기에 속한다.

[補註] 補註云. 大品空無盡者 即色是空 非色滅空. 空故無盡也. 大集八十無盡者 彼經身子問誰字仁[62]爲無盡. 答云. 初發菩提心時 已不可盡 乃至廣說六度無盡等. 最後乃是方便無盡. 仍自結云 八十無盡 此八十科. 涉四卷經. 淨名云. 非盡者 不盡有爲 不捨衆生故. 非無盡者 不住無爲 不以空爲證故.

⇒ 보충하는 주석에서 말하고 있다.

"**대품경**에서 '공은 다함이 없다' 고 한 것은 바로 색이 그대로 공이라는 것이며, 색이 소멸하는 것을 공이라 한 것이 아니다. 공이기 때문에 다함이 없는 것이다. **대집경**에서 말하는 80종의 무진이란, 경전에서 사리불이 묻기를 '누가 인을 사랑하는 것이 다함이 없다고 말했는가? 하고 질문하자, 대답하길 '처음 보리심을 일으켰을 때 이미 다할 수 없으며, 내지는 6바라밀이 다함없다는 것 등을 널리 설했다. 마지막에는 바로 방편이 다함없는 것' 이다. 이에 스스로 결론을 내려 말하길 '80가지의 무진은 이것으로 열 가지의 과목(十科)에 들어간다.' 4권의 경전을 섭렵했다. **정명경**에서 말하길 '다함이 아니란 것은 유위에서 다하지 않는 것이니 중생을 버리지 않기 때문이다. 다하지 않음이 아니란 것은 무위에 머물지 않는 것이니 공으로 증득하는 것이 아니기 때문' 이다."

【각 주】 ───────
62) 여기서는 字仁에서 字를 사랑한다, 혹은 기른다는 의미의 동사로 해석했다. 그것이 의미상 통하는 것이라 본다.

[記] 意者智也 無盡者 境也. 智契於境 單從於境 應言無盡. 單從於智 應言於意. 境智合稱 故言無盡意也 一. 又意者 世出世之本也 二. 又意卽法界中道. 故言能觀心性 名爲上定 三. 此約三智三觀釋名也.

⇒ (무진의 할 때의) 의는 지혜요 무진은 경계이다. 지혜가 경계에 부합하되 단순히 경계만을 따른다면 마땅히 다함이 없다(무진)고 말해야만 한다. 단순히 지혜만을 따른다면 마땅히 意(의식)라고 말해야만 한다. 경계와 지혜가 적절하게 융합하기 때문에 무진의라고 하는 것이 첫째 이유이다. 또한 意(의식)란 세간과 출세간의 근본이란 점이 두 번째 이유이다. 또한 의식은 바로 법계의 중도이다. 때문에 능히 심성을 관조할 수 있는데, 해서 상정(上定: 최상의 선정)이라 이름 하는 것이 세 번째 이유이다. 이것은 세 가지의 지혜(삼지)와 세 가지의 관법(삼관)의 입장에서 이름을 해석한 것이다.

[記] 先釋無盡意名. 於中初釋無盡. 先引三經 次總結成. 三觀初引大品空 大集假 淨名中. 大品明空則無盡 大集八十無盡門 既多門不同 即是假也. 淨名夫無盡者 無有盡與不盡 雙非故中也. 次釋意中 亦先約三觀 次結. 初 空觀中 雖並引境智 正在和合 皆無自性. 智隨境空 無盡家之意 名爲空意. 次又意下 約假者 世出世是境. 智隨於境 境多智多. 次約中道者 以能觀心 性中 故所觀亦中. 此約智照境說. 此約下 結. 二處結文並云觀智者 咸約 能立.[63]

⇒ 먼저 무진의란 이름을 해석한다. 그 중에서도 처음에 무진을 해석한다. 먼저 세 가지의 경전을 인용하고 다음에 종합적으로 맺는다. 삼관(三觀)은 처음에 **대품경**의 공을 인용하고, **대집경**의 가를 인용하며, **정명경**의 중을 인용한다. **대품경**에선 공이 무진하다고 밝혔고, **대집경**의 80가지 무진 법문은 이미 법문이 많아서 동일하지 않기 때문에 바로 가이다. **정명경**에서 말하는 무진은 다함과 다함없음이 없으니, 동시 부정이므로 중이다.

다음으로 의를 해석하는 가운데 또한 삼관의 입장을 앞에 세우고 다음에 결론을 맺었다. 처음 공관 중에서는 비록 경계와 지혜를 동시에 인용한다고 하더라도 바로 화합에 있으니 모두 자성이 없는 것(무자성)이다. 지혜가 경계를 따르더라도 공하면 다함이 없는 집이란 의미이므로 빈 마음(空意)이다. 다음으로 또한 의(意) 아래는 가(假)의 입장에서 세간과 출세간이 경계이다. 지혜가 경계를 따르면 경계도 많고 지혜도 많

【각 주】 ────────
63) 능립(能立): 능성립(能成立)의 줄임말. 인명(因明)에서 논식(論式)을 세워서 주장하는 것을 말함.

다. 다음으로 중도의 입장에서 보자면 능히 심성의 중(中)을 관조할 수 있기 때문에 관조의 대상도 역시 중(中)이다. 이것은 지혜의 입장에서 경계를 비추어 설한 것이다. 이것은 아래의 입장에서 결론을 맺은 것이다. 두 곳에서 글을 끝내고 동시에 지혜를 관조한다고 말한 것은 모두 주체적인 입장에서 주장한 것이다.

[記] 興問者 大經云. 具二莊嚴能問能答. 無盡意前以慧莊嚴 問觀世音慧莊嚴 佛以慧莊嚴 答觀世音慧莊嚴也.

⇒ 질문하자면 **대경**에서 말하길 "두 가지의 장엄을 갖추니 능히 묻고 능히 대답할 수 있다. 무진의 보살은 앞에서 지혜의 장엄으로 관세음에게 지혜의 장엄을 물었고, 부처님께선 지혜의 장엄으로써 관세음보살에게 지혜의 장엄을 대답하셨다."고 한다.

[記] 問答俱云慧莊嚴者 問答已是二莊嚴竟. 今釋其意云. 問答名莊嚴者 定慧二嚴之中慧莊嚴也. 況二菩薩名 及以佛名. 俱從慧立.

⇒ 질문과 대답이 동시에 지혜의 장엄을 말하고 있다면 질문과 대답에는 이미 두 가지의 장엄이 있다는 것이다. 이제 그 의미를 풀어서 말하리라. 문답에서 장엄이라 한 것은 선정과 지혜의 두 가지 장엄 중에서 지혜의 장엄을 말한다. 하물며 두 보살의 이름과 부처의 이름이랴? 모두 지혜를 따라 수립된 것이다.

[補註] 補註云. 若觀文句意 則以前問答爲慧 後問答爲福. 故云前以也.

⇒ 보충하는 주석에서 말하길 "**문구**의 의미를 관찰할 것 같으면 앞의 문답으로 지혜를 삼고, 뒤의 문답으로 복덕을 삼은 것이다. 때문에 '앞의 것으로' 라 언급한 것이다."라 한다.

[文句] 佛答爲三. 一總答 二別答 三勸持名答.

⇒ 부처님의 대답은 세 가지이다. 첫째는 총체적인 대답이고, 둘째는 개별적인 대답이며, 셋째는 **법화경**의 수지를 권유하는 것(勸持)을 대답이라 이름한다.

구업의 기응

佛告無盡意菩薩. 善男子 若有無量百千萬億衆生 受諸苦惱 聞是觀世音菩薩 一心稱名 觀世音菩薩 卽是觀其音聲 皆得解脫.

부처님께서 무진의보살에게 말씀하기를 선남자여! 만약 백천만억 한량없는 중생들이 고통을 받고 있을 때 관세음보살의 이름을 듣고 한 마음으로 이름을 부르면 관세음보살은 바로 그 음성을 관조하시고 모두 해탈을 얻게 했느니라.

[文句] 總爲四. 一人數 二遭苦 三聞名稱號 四得解脫. 自有多苦苦一人 多人受一苦 一人受多苦 一人受少苦.

⇒ 총체적인 대답에는 네 가지가 있다. 첫째 사람의 숫자(인수)요, 둘째 괴로움을 만남이요, 셋째 이름을 듣고 호칭을 부르는 것이요, 넷째 해탈을 얻는 것이다. 스스로 많은 고뇌가 있지만 한 사람만을 괴롭히는 것, 여러 사람이 한 가지의 고뇌를 받는 것, 한 사람이 다양한 고뇌를 받는 것, 한 사람이 적은 고뇌를 받는 것이다.

[補註] 補註云 此文第一句與第三句濫 或別有意 或恐文誤. 應改第三句 一人受多苦爲多人受多苦.

⇒ 보충하는 주석에서 말하길 "이 문장의 제1구와 제3구는 외람된 것이니, 혹은 다른 뜻이 있거나, 혹 글의 잘못일까 두렵다. 제3구는 마땅히

'한 사람이 많은 고뇌를 받는다는 것'을 '많은 사람이 다양한 고뇌를 받는다.'로 고쳐야만 한다."

[文句] 今文百千萬億衆生 多人也. 受諸苦惱 多苦也. 擧多顯少. 多尙能救 況少苦耶. 遭苦是惡 稱名是善. 善惡合爲機義也. 而得解脫 是應也 此是機感因緣 名觀世音. 亦是人法因緣 乃至智斷因緣 名觀世音. 後去例如此結名不煩文.

⇒ 지금 글의 백천만억 중생은 많은 사람을 표현한 것이다. 모든 고뇌를 받는다는 것은 많은 고뇌를 말한다. 많은 것을 들어 적은 것을 나타낸 것이다. 많은 것도 오히려 구제해야하거늘 하물며 적은 고뇌를 말할 것인가? 고뇌를 만난다는 것은 악이요, 이름을 부르는 것은 선이다. 선악을 합하여 근기의 의미로 삼는다. 그러나 해탈을 얻는 것은 감응이니, 이것이 기감의 인연이요 관세음이라 이름한다. 또한 인법의 인연 내지 지덕과 단덕의 인연이니 관세음이라 한다. 이후의 사례는 이와 같이 이름을 완성하니 번거로운 글이 아니다.

[記] 多苦苦一人等四句 一一句中 有苦皆救 咸可持名. 以有五隻十雙普故 故念念咸益. 圓菩薩皆然 但遶緣耳. 有人問 何以同念有脫不脫. 答 同念是顯機. 得脫有冥顯. 由過現緣差 受益有等級. 若其機感厚 定業亦能轉. 若過現緣淺 微苦亦無徵. 亦有人云 三災有大小. 大謂火水風. 小卽命身財. 大次第有二. 一從小至大 時義可然. 又從急至緩 此未必爾. 火不盡急 風不併緩. 小亦有二. 一從重至輕 二從難至易. 此或應爾.

⇒ '많은 고뇌로 한 사람만을 괴롭게 한다' 등의 네 구절은 하나하나의

구절 가운데서 고뇌가 있으면 모두 구제해야 하는 것이므로 누구나 다 이름을 지닐 수 있다. 5척과 10쌍의 보편성(普)이 있기 때문에 그래서 생각 생각마다 모두 이로움이 있다. 원숙한 보살은 다 그러하지만 다만 인연에 따를 뿐이다. 어떤 사람이 묻되 "동일하게 염불하는데 어째서 해탈하는 사람이 있고 해탈하지 못하는 사람이 있습니까?" 대답하길 "동일한 염불이란 근기를 나타내는 것이다. 해탈을 얻는데도 드러나지 않는 것과 드러나는 것(冥顯)이 있다. 과거와 현재의 인연의 차이로 말미암아 이익을 받는데도 등급이 있다. 만일 그 기감이 두터울 것 같으면 결정된 업력도 또한 능히 변화시킬 수 있다. 만일 과거와 현재의 인연이 얕으면 미미한 고뇌 역시 받지 않는다."

또한 어떤 사람이 말하길 "3재에는 크고 작음이 있다. 큰 것은 불, 물, 바람이다. 작은 것은 바로 목숨, 몸, 재물이다. 큰 것에는 차례로 두 가지가 있다. 첫째는 작은 것에서 큰 것에 이르는 것이니 시절의 의미가 그러하다. 또 급한 것에서 느린 것에 이르는 것이니 이것은 아직 반드시 그러한 것은 아니다. 불은 급한 것은 마다하지 않고, 바람은 느림을 수반하지 않는다. 작은 것도 또한 두 가지가 있다. 하나는 무거운 것에서 가벼운 것에 이르는 것이고, 둘째는 어려운 것에서 쉬운 것에 이르는 것이다. 이것은 혹여 감응인지 모른다.

[文句] 別答爲三. 一口機應64) 二意機應 三身機應.

⇒ 개별적인 대답에 세 가지가 있다. 첫째 구업의 기응이요, 둘째는 의업의 기응이요, 셋째는 신업의 기응이다.

[記] 別答中三業機者 七難是口機 以稱名故. 三毒是意機 令常念故. 二求是身機 常禮拜故.

⇒ 개별적인 대답 중에서 삼업의 근기란, 7난은 구업의 근기이니 이름을 부르기 때문이다. 3독은 의업의 근기이니 늘 생각하게 하기 때문이다. 두 가지를 원하는 것은 신업의 근기이니 항상 예배하기 때문이다.

若有持是觀世音菩薩名者 設入大火 火不能燒 由是菩薩威神力故. 若爲大水所漂 稱其名號 卽得淺處. 若有百千萬億衆生 爲求金銀琉璃硨磲碼碯珊瑚琥珀眞珠等寶 入於大海 假使黑風吹其船舫 飄墮羅刹鬼國 其中若有乃至一人 稱觀世音菩薩名者 是諸人等 皆得解脫羅刹之難 以是因緣 名觀世音. 若復有人 臨當被害 稱觀世音菩薩名者 彼所執刀杖 尋段段壞 而得解脫.

만약 이 관세음보살 이름을 지송하는 자가 있다면 설사 큰 불에 들어가더라도 불이 능히 태우지 못하리니, 이 보살의 위신력으로 말미암기 때

【각 주】

64) 機應이란 중생과 부처의 관계에서 상호간의 소통을 의미한다. 기란 중생을 의미하며, 응이란 부처님이 중생의 부름에 따르는 것이다. 따라서 기응은 감응이란 단어와도 개념상 상통한다.

문이다. 만약 큰물에 표류하게 되더라도 그 이름을 부르면 곧 얕은 곳에 닿으리라. 만약 백천만억 중생이 금과 은과 유리·자거·마노와 산호·호박·진주 따위의 보배를 구하려고 큰 바다에 들어갔을 때, 설사 태풍이 그 배에 불어 닥쳐 나찰귀의 나라에 닿게 한대도, 그 중에 내지는 한 명이라도 관세음보살의 이름을 부르는 자 있다면, 이 사람들은 다 나찰귀의 어려움에서 벗어나게 되나니, 이러한 인연 때문에 관세음이라 일컫느니라. 만약 또 다시 어떤 사람이 해 입으려 할 때에 관세음보살의 이름을 부르면, 저 사람이 잡은 칼과 몽둥이가 토막토막 부서져 버려 벗어나게 될 것이다.

若三千大千國土 滿中夜又羅刹 欲來惱人 聞其稱觀世音菩薩名者 是諸惡鬼 尙不能以惡眼視之 況復加害. 設復有人 若有罪 若無罪 杻械枷鎖 檢繫其身 稱觀世音菩薩名者 皆悉斷壞 卽得解脫.

만약 삼천대천세계에 야차·나찰이 가득하여, 그들이 몰려와 사람들을 괴롭히려 한다 해도, 관세음보살의 이름을 부르는 것을 듣게 되면, 이 악귀들은 모두 악의에 찬 눈초리로 보지도 못할 것이니, 하물며 해를 입힐 수 있겠는가! 설령 또 어떤 사람이 죄가 있거나 죄가 없거나 수갑이나 착고 내지 칼과 쇠줄이 그 몸을 매어놓았다 하더라도, 관세음보살의 이름을 부른다면 그 모두가 끊어지고 부서져서 바로 벗어나게 될 것이다.

若三千大千國土 滿中怨賊 有一商主 將諸商人 齎持重寶 經過險路 其中
一人 作是唱言. 諸善男子 勿得恐怖. 汝等應當一心 稱觀世音菩薩名號
是菩薩能以無畏施於衆生 汝等若稱名者 於此怨賊當得解脫. 衆商人聞
俱發聲言 南無觀世音菩薩. 稱其名故 即得解脫. 無盡意 觀世音菩薩摩訶
薩威神之力 巍巍如是.

만약 삼천대천세계에 원한에 사무친 도둑이 가득한 데, 어떤 한 상인의
우두머리가 여러 상인들을 이끌고 귀중한 보배를 지닌 채 험한 길을 지
나간다고 하더라도, 그 중의 한 사람이 이렇게 말했다. '선남자들아, 두
려워 말라. 너희들은 마땅히 한마음으로 관세음보살의 이름을 부르라.
이 보살은 능히 중생들에게 두려움 없음(무외)을 베풀어주시나니, 너희
들이 만약 그 이름 부른다면, 이 원한에 사무친 도둑들로부터 마땅히
벗어나게 되리라.' 여러 상인들이 듣고 다 함께 소리 내어 〈나무관세음
보살〉하고 말했다. 그 이름을 불렀기 때문에 바로 위험에서 벗어나게
되었다. 무진의야. 관세음보살마하살의 위신력은 높고 큰 모습이 대저
이와 같으니라.

[文句] 口又二. 初明七難 次結. 火難爲四. 一持名是善 二遭火是惡 三應 四結. 於一難中 例道三番. 一果報火 地獄已上 初禪已還 皆論機應. 二 惡業火 地獄已上 初禪65)已還 皆論機應. 三煩惱火 地獄已上 等覺已還 皆論機應. 七難三毒二求 例皆如此. 此義旣廣 可以意知 不可以文記.

⇒ 구업(口業)의 기응에 두 가지가 있다. 처음에는 일곱 가지의 재난(七難)을 밝히고, 다음에 맺는다. 화난(火難)에는 넷이 있다. 첫째 이름을 수지하는 것은 선이요, 둘째 불을 만나는 것은 악이요, 셋째는 응현(應現)이요, 넷째는 맺은 말이다.

하나의 재난 중에도 사례는 세 가지가 있다. 첫째는 과보(果報)의 불이니, 지옥계 이상에서 초선(初禪) 이하이니 모두 기응을 논하는 것이다. 둘째는 악업의 불이니, 지옥계 이상 비상(非想) 이하이니 모두 기응을 논하는 것이다. 셋째는 번뇌의 불이니 지옥계 이상 등각(等覺)의 계위 이하이니 모두 기응을 논하는 것이다. 칠난, 삼독, 이구양원은 사례가 모두 이와 같다. 이 도리가 이미 광대하니, 마음으로 알 수는 있지만 문자로 기술할 수 없는 것66)이다.

【각 주】────────
65) 법화경문구(대정장34, p.146상)에는 이 구절이 非想으로 되어 있으므로 그에 따라 번역했다. 이 판본은 판각하는 과정에 잘못 새긴 것으로 보인다.
66) 논리를 문자로 기술하는 것이라면, 체험은 마음으로 아는 것이다. 종교의 궁극은 체험을 통해 자신을 성숙시키고 일상을 틀을 벗어나 사물의 본질을 통찰하는 것이다.

[記] 火難者 有人引仁王經七火不同. 一鬼火 二龍火 三霹靂火 四山神火 五人火 六樹火 七賊火. 人火者 惡業發時 身自出火 樹火者 如久旱時 諸木自出火 及至釋水 則無七相. 況復七相無所表對 故不用也. 今文具三. 火名雖同 淺深各異. 若不爾者 如何顯觀音力大 念者功深.[67]

⇒ 화난이란 것에 대해 어떤 사람은 **인왕경**의 일곱 가지 불의 재난(칠화난)을 인용하고 있지만 동일하지 않다. 첫째는 귀신의 불(귀화)요, 둘째는 용의 불(용화)요, 셋째는 천둥과 번개의 불(벽력화)요, 넷째는 산신의 불(산신화)요, 다섯째는 인간의 불(인화)요, 여섯째는 나무의 불(수화)요, 일곱째는 도적의 불(적화)이다.

인화란 것은 악업이 발할 때에 몸에서 저절로 화가 생겨나는 것이고, 수화란 마치 오랜 가뭄에 모든 나무가 스스로 불이 나서 물을 뿌리지만 일곱 가지의 모습이 없는 것과 같다. 하물며 다시 일곱 가지 모습에 대응하여 표현할 바도 없으므로 쓰지 않는다.

이제 이 글에는 세 가지를 갖추고 있다. 불의 이름(火名)은 비록 같으나 얕고 깊음이 각각 다르다. 만약 그렇지 않다면 어찌하여 관음의 위신력은 크고, (관세음보살을) 생각하는 자의 공은 심원하다고 표현한 것인가?

【각 주】 ───────
67) 이 구절은 대정장34, p.357상에 나온다. 형계담연의 **법화경문구기**에서 **인왕경**을 인용해 불을 설명하는 구절이다.

의업의 기응

若有衆生 多於淫欲 常念恭敬 觀世音菩薩 便得離慾 若多瞋恚 常念恭敬
觀世音菩薩 便得離瞋 若多愚痴 常念恭敬 觀世音菩薩 便得離痴. 無盡意
觀世音菩薩 有如是等大威神力 多所饒益 是故衆生 常應心念.

⇒ 또 어떤 중생이 있어 음욕이 많더라도 항상 관세음보살을 생각하고
공경하면 곧 음욕을 여의게 되며, 만일 성내는 마음이 많더라도 항상
관세음보살을 생각하고 공경하면 곧 성내는 마음을 여의게 되고, 만약
어리석음이 많더라도 항상 관세음보살을 생각하고 공경하면 곧 어리석
음을 여의게 되느니라. 무진의야, 관세음보살은 이와 같이 큰 위신력을
지니고 있어서 이롭게 하는 일이 많으니, 그러므로 중생들은 항상 마음
으로 생각할지니라.

[補註] 案此卽別答中 第二意機應也.

⇒ 생각해 보자면 이 구절은 개별적인 대답 중에서 두 번째인 의업의 기
응이다.

신업의 기응

若有女人 設欲求男 禮拜供養 觀世音菩薩 便生福德智慧之男 設欲求女
便生端正有相之女 宿植德本 衆人愛敬. 無盡意 觀世音普薩有如是力. 若
有衆生 恭敬禮拜 觀世音普薩 福不唐損.

만일 어떤 여인이 가령 아들을 낳기 원하여 관세음보살께 예배공양하
면 문득 복덕과 지혜를 갖춘 훌륭한 남자 아이를 낳을 것이며, 가령 딸
낳기를 원하면 문득 단정하고 용모를 갖춘 딸아이를 낳을 것이니, 이
애들은 전생에 덕의 근본을 심었으므로 모든 사람들이 사랑하고 공경
할 것이다.
무진의야, 관세음보살은 이와 같은 위신력을 지니고 있느니라. 만약 어
떤 중생이 관세음보살을 공경하고 예배하면 그 복은 헛되지 않을 것이다.

[文句] 身機爲二. 初二求 次結. 求男有立願修行德業. 求女文略修行 正
言禮拜是同 故略之. 願業各異 故重出之 結如文.

⇒ 신업(身業)의 기응에 두 가지가 있다. 처음은 이구양원(二求兩願)이요,
다음은 맺는말이다. 아들 구하는 것에는 입원(立願:서원을 세우는 것)과 수
행(修行)의 덕업(德業: 6바라밀을 실천해서 공덕을 쌓는 실천행)이 들어 있다.
이에 비해 딸을 구하는 것에는 문장의 간략함과 수행이 들어 있는데, 바
로 말하자면 예배와 같은 의미이므로 생략한 것이다. 서원을 세우는 일
이란 각기 다르기 때문에 거듭해서 표현한 것이다. 맺는 말씀은 이 글과
같다.

명호의 수지를 권하다

是故 衆生皆應受持 觀世音菩薩名號. 無盡意 若有人受持 六十二億恒河
沙 菩薩名字 復盡形供養飮食依服臥具醫藥 於汝意云何. 是善男子善女
人功德多不. 無盡意言. 甚多世尊. 佛言. 若復有人受持觀世音菩薩名號
乃至 一時 禮拜供養是二人福 正等無異 於百千萬億劫 不可窮盡. 無盡意
受持觀世音菩薩名號 得如是無量無邊福德之利.

그러므로 중생들은 모두 반드시 관세음보살의 이름을 받아 지녀야 하
느니라. 무진의야, 만약 어떤 사람이 육십이억 항하의 모래 수처럼 많
은 보살의 이름을 받아 지니고, 또한 그 목숨이 다하도록 음식과 의복
과 침구와 의약으로 공양한다면 너는 어떻게 생각하느냐. 이 선남자,
선녀인의 공덕은 많지 않겠느냐?"
무진의 보살이 말했습니다. "아주 많사옵니다. 세존이시여."
부처님이 말씀하셨다. "만약 또 어떤 사람이 있어 관세음보살의 이름을
받아 지니고 내지 한때라도 예배 공양하였다면 이 두 사람의 복은 꼭
같아 다름이 없어서 백천만억겁에 이르도록 다함이 없을 것이다. 무진
의야, 관세음보살의 이름을 받아 지니면 이와 같이 한량없고 끝없는 복
덕의 이익을 얻느니라."

[**文句**] 從是故衆生下 是勸持名爲三. 勸持 格量 結歎. 上述勝名美德不辨形質. 若欲歸崇 宜持名字. 是故勸持也. 入大乘論云 法身唯一 應色則多. 格六十二億應 等一法身也. 智者云 圓大唯一 偏人則多. 格六十二億偏菩薩等 一圓菩薩也.

⇒ '그러므로 중생들은'으로부터 이하는, 관세음보살의 이름을 수지하도록 권유하는 것이니, 여기에 세 부분이 있다. 권지(勸持: 명호의 수지를 권유하는 것)와 격량(格量: 본질적인 의미를 헤아려 아는 것)과 결탄(結歎: 찬탄하며 마무리하는 말씀)이다. 이상에서는 뛰어난 이름과 아름다운 공덕만을 말하고 형태와 성질(形質)은 밝히지 않았다. (따라서) 만약 귀의하여 받들고자 한다면 마땅히 그 이름을 지녀야만 한다. 그러므로 받아 지니기를 권유한 것이다.

　　입대승론(入大乘論)에서 이르길 "법신(法身)은 오직 하나뿐이로되 응신(應身)과 색신(色身)은 많다. 62억의 응신을 헤아려보건대 하나의 법신과 평등하다."하고, 천태지의[68]는 말하길 "원만무애한 사람(圓人)은 오직 하나뿐이로되, 편벽된 사람은 많다. 62억의 편벽된 보살들을 살펴보건대 하나의 원만무애한 보살과 동일하다."고 했다.

【각 주】────────
68) 원문의 智者는 천태지의의 다른 이름이다. 역자의 편의에 따라 익숙한 이름인 천태지의로 번역했다.

[記] 入大乘下 引論格量. 六十二億等者 有云菩薩無殊 欲令偏重觀音故也. 有云佛法二門 謂等不等. 不等如禮諸佛 教說功異. 平等者 得福無殊. 今問若平等者 佛旣無偏 無不平等 何故不等. 以佛不可有等級故. 故等不等 祇是被緣. 雖是被緣 亦未申難. 故須依今偏圓以釋. 非但菩薩諸敎不一 亦乃一敎設迹不同. 此約境判. 若心境相對 四句分別. 今此乃是兩俱句邊. 持六十二億 心境俱劣. 受持觀音 心境俱勝. 此卽定敎當敎而觀. 若二交互句並 境隨心轉.

⇒ 입대승론 이하는 논서를 인용하여 헤아려 본 것이다. 62억의 보살이 평등하다는 것은 어떤 사람이 말하길 "보살들은 차이가 없지만 관음에 집중시키려고 하기 때문"이라 했다. 또한 어떤 사람은 말하길 "불법에는 두 개의 문이 있는 데 평등과 불평등을 말한다."고 했다. 불평등은 수많은 부처를 예배하는 것과 같아서 교설의 공덕에 차이가 있다. 평등이란 복을 얻음에 차이가 없는 것이다. 이제 질문하건대 '평등하다면 부처에겐 이미 치우침이 없어서 평등하지 않은 것이 없는데 무슨 까닭에 불평등이라 하는가?' 부처에겐 등급이 있을 수 없기 때문이다. 그러므로 평등과 불평등은 다만 인연을 만나는 것일 뿐이다. 비록 인연을 만났다고는 하지만 그렇다고 아직은 재난을 만난 것은 아니다. 그러므로 지금은 치우침(편벽됨)과 원만함에 의지해서 풀이해야만 한다.

비단 보살의 일체 가르침이 동일하지 않을 뿐만 아니라, 또한 동일한 가르침에서도 자취를 베푸는 것[69]이 동일하지 않다. 이것은 대상의 입

【각 주】 ────────
69) 設迹을 풀이한 구절이다. 자취를 베푼다는 것은 중생의 근기가 다양한 만큼, 그에 따라 다양한 방편을 시설할 수밖에 없다는 것을 의미한다.

53

장에서 밝힌 것이다. 만약 마음과 대상을 서로 대치할 것 같으면 4구로 분별한다. 지금의 이것은 바로 동시긍정70)을 말한다. 62억의 보살을 지니고 있다는 것은 마음과 대상이 동시에 열등한 것이다. 관음보살을 수지한다는 것은 마음과 대상이 모두 뛰어난 것이다. 이것이 바로 정교(定敎: 선정의 가르침)와 당교(當敎: 법화의 가르침)로써 관조하는 것이다. 두 가르침이 교차하여 서로 문구를 이루면 동시에 대상이 마음에 따라 변하는 것이다.

[記] 問 何故法華論中 乃以持六十二億恒沙佛名爲校量耶. 答 有云論誤. 今云不爾. 今先出論文 次略消釋. 論云 受持觀音名 與六十二億恒沙諸佛名 彼福平等者 有二種義. 一信力故 二畢竟知故. 信力復二. 一者求我如觀音 畢竟信故. 二生恭敬心 如彼功德 我亦得故. 二畢竟知者 決定知法界故. 法界者 名爲法性. 初地菩薩 能證入一切諸佛. 平等身故 平等身者. 謂眞如法身 是故受持觀音 與六十二億恒沙諸佛 功德無差.

⇒ 질문하건대, 무슨 까닭에 **법화론** 중에서 62억의 갠지스강의 모래알처럼 많은 부처님의 이름을 수지하는 것을 올바로 헤아리는 것이라 하는가?

답하기를, 어떤 사람이 말하길 "논서가 잘못된 것"이라 한다. 지금은 "그렇지 않다"고 말한다. 지금은 먼저 논서의 문장을 제시하고, 다음으로 간략하게 해석할 것이다. **법화론**에서 말하길 "관음의 이름과 62억

【각 주】
70) 원문은 '兩俱句邊'이다. 사구분별 중에서 역유역무, 혹은 역속역진에 해당한다. 상호대립적인 개념을 동시에 지니고 있는, 사구분별 중에서 세 번째에 해당하는 논리전개이다. 따라서 여기서는 동시긍정이라 번역했다.

갠지스강의 모래알처럼 많은 부처님의 이름을 수지하면 그 복덕이 평등하다고 하는 데는 두 가지의 의미가 있다. 하나는 믿음의 힘 때문이며, 둘째는 반드시 그렇게 알아야만 하는 것(필경지)이기 때문이다. 믿음의 힘에는 다시 두 가지가 있다. 하나는 내 자신이 관음보살과 같기를 추구하는 것이니 궁극적으로는 믿음 때문이다. 둘째는 공경하는 마음을 일으키는 것이니 저러한 공덕을 나도 역시 얻기 때문이다. 두 번째 반드시 그렇게 알아야만 하는 것(필경지)이란 결정코 법계를 알기 때문이다.

　법계란 법성을 말한다. 초지의 보살은 일체 제불의 평등한 법신에 깨달아 들어갈 수 있기 때문이다. 평등한 법신이란 진여의 법신을 말한다. 이렇기 때문에 관음의 이름과 62억의 갠지스강의 모래알처럼 많은 부처님의 이름을 수지하는 것에는 공덕에 차이가 없다.

[記] 今謂依此驗知須依圓釋. 何者 於二義中 信力約事 畢竟約理. 事理相資 方成所念. 如信力二中 既云求我身如觀音 卽指化身. 又言觀音功德 我亦得之 乃指報身. 願齊報應 方乃成念. 但念果德者 何必識理. 故次義云知法界等. 次引證位 卽是初地. 且引分證 令人識之. 故知若念觀音三身 須郤以念佛校之. 若以念法身論之 縱引十方諸佛 其功亦等. 何但六十二耶. 所以論文雖似擧經 乃是增句釋義. 亦如方便初加難解難知. 欲說大法 乃增三句而爲申釋.

⇒ 이제 이러한 체험에 의지해 알고 원교에 의지해서 해석해야만 한다. 왜냐하면 두 가지의 의미 가운데서 믿음의 힘(신력)은 현상의 입장이고, 반드시 그렇게 알아야만 하는 것은 본질의 입장이다. 현상과 본질(事理)이 서로 도와주어야 비로소 생각하는 바를 이루게 된다. 믿음의 힘(신력)

의 두 가지 중에서 이미 '내 자신이 관음보살과 같기를 추구한다'고 말한 것은 바로 화신을 가리킨다. 또한 관음보살의 공덕을 나 역시 얻을 수 있다고 말하는 것은 보신을 가리킨다. 과보와 감응이 가지런하길 원하면 비로소 생각을 이루는 것이다. 다만 과덕만을 생각한다면 어찌 이치를 알 필요가 있겠는가! 그러므로 다음의 의미를 설명하면서 '법계의 평등을 알아라.'고 말한다.

다음으로 깨달음의 위상으로 인도하니 바로 초지(初地: 수행의 첫 경지)이다. 다음에는 분증[71]으로 인도하니 사람들이 그것을 알도록 하려는 것이다. 그러므로 알아라 '만일 관음보살의 3신을 생각한다면 모름지기 염불로써 궁구해야만 한다. 만일 법신을 생각해서 그것을 논할 것 같으면 세로로 시방의 모든 부처님을 인도하더라도 그 공덕은 역시 평등할 것이다. 어찌 62억의 부처님뿐이겠는가!

그러므로 **법화론**의 문장이 비록 경전을 열거한 것과 같다고 하더라도 이것은 바로 문장의 구절을 더해가면서 의미를 풀이하는 것이다. 역시 방편으로 처음에는 재난을 더하고 나서 재난을 해소시키며 아는 것과 같다. 위대한 법을 설하고자 하면 이내 세 구절을 더해 풀이를 전개하는 것과 같다.

[補註] 補註云. 加難解難知者 文誤. 應云加難見難覺難知.

⇒ 보충하는 주석에서 말하길 '加難解難知[72]'란 문장은 잘못된 것이다. 마땅히 '재난을 더하니 재난을 보고 재난을 느껴서 안다.'고 말해야 한다.

【각 주】————

71) 분증(分證): 수행의 단계를 밟아서 차례차례로 깨닫는 것.

72) 加難解難知: 재난을 더하고 나서 재난을 해소시키며 아는 것.

관세음보살의 삼업을 묻다

無盡意菩薩白佛言. 世尊 觀世音菩薩 云何遊此娑婆世界 云何而爲衆生
說法 方便之力 其事云何.

무진의보살이 부처님께 아뢰었다.
"세존이시여, 관세음보살께서는 어떻게 이 사바세계에서 노니시며, 중
생을 위해서는 어떻게 설법하시며, 그 방편의 힘은 그 일이 어떠하시나
이까?"

[文句] 第二番問爲三. 云何遊 問身 云何說 問口 方便 問意. 此聖人三密
無謀之權 隨機適應也. 佛答亦三. 一別答 二總答 三勸供養.

⇒ 두 번째의 질문에는 세 가지가 있다. '어떻게 노니시느냐?' 란 질문
은 신업(身業)이 어떠한가를 물은 것이며, '어떻게 설하시느냐?' 란 구업
(口業)이 어떠한가를 물은 것이고, '방편의 힘이 어떠하시냐?' 란 의업(意
業)이 어떠한가를 물은 것이다. 이것은 성인의 세 가지 비밀(三密)이요,
도모함이 없는(無謀)73) 방편이니 근기에 따라 적응하는 것이다.
　(이에 대해) 부처님의 대답도 세 가지가 있다. 첫째는 개별적인 대답
(別答)이요, 둘째는 총체적인 대답(總答)이며, 셋째는 공양을 권유하는
것이다.

【각 주】 ─────────
73) 상황에 따라 저절로 그렇게 한다는 의미.

佛告 無盡意菩薩. 善男子 若有國土衆生 應以佛身得度者 觀世音菩薩 卽
現佛身而爲說法, 應以辟支佛身得度者 卽現辟支佛身而爲說法, 應以聲
聞身得度者 卽現聲聞身而爲說法, 應以梵王身得度者 卽現梵王身而爲說
法, 應以帝釋身得度者 卽現帝釋身而爲說法, 應以自在天身得度者 卽現
自在天身而爲說法, 應以大自在天身得度者 卽現大自在天身而爲說法,
應以天大將軍身得度者 卽現天大將軍身而爲說法, 應以毘沙門身得度者
卽現毘沙門身而爲說法, 應以小王身得度者 卽現小王身而爲說法, 應以
長者身得度者 卽現長者身而爲說法, 應以居士身得度者 卽現居士身而爲
說法, 應以宰官身得度者 卽現宰官身而爲說法, 應以婆羅門身得度者 卽
現婆羅門身而爲說法, 應以比丘比丘尼優婆塞優婆夷身得度者 卽現比丘
比丘尼優婆塞優婆夷身而爲說法, 應以長者居士宰官婆羅門婦女身得度
者 卽現婦女身而爲說法, 應以童男童女身得度者 卽現童男童女身而爲說
法, 應以天龍夜叉乾闥婆阿修羅迦樓羅緊那羅摩睺羅迦人非人等身得度
者 卽皆現之而爲說法, 應以執金剛神得度者 卽現執金剛神而爲說法.

부처님께서 무진의보살에게 말씀하셨다. "선남자야, 만일 어떤 국토에
있는 중생을 마땅히 부처님의 몸으로 제도해야 할 이가 있으면 관세음
보살이 곧 부처님의 몸을 나타내시어 진리를 설하고,
마땅히 벽지불의 몸으로 제도해야 할 이가 있으면 곧 벽지불의 몸을 나
타내시어 진리를 설하며,
마땅히 성문의 몸으로 제도해야 할 이가 있으면 곧 성문의 몸을 나타내
시어 진리를 설하고,
마땅히 범천왕의 몸으로 제도해야 할 이가 있으면 곧 범천왕의 몸을 나
타내시어 진리를 설하며,
마땅히 제석천의 몸으로 제도해야 할 이가 있으면 곧 제석천의 몸을 나

타내시어 진리를 설하고,

마땅히 자재천왕의 몸으로 제도해야 할 이가 있으면 곧 자재천왕의 몸을 나타내시어 진리를 설하며,

마땅히 대자재천왕의 몸으로 제도해야 할 이가 있으면 곧 대자재천왕의 몸을 나타내시어 진리를 설하고,

마땅히 하늘대장군의 몸으로 제도해야 할 이가 있으면 곧 하늘대장군의 몸을 나타내시어 진리를 설하며,

마땅히 비사문의 몸으로 제도해야 할 이가 있으면 비사문의 몸을 나타내시어 진리를 설하고,

마땅히 작은 나라 임금의 몸으로 제도해야 할 이가 있으면 작은 나라의 임금의 몸을 나타내시어 진리를 설하며,

마땅히 장자의 몸으로 제도해야 할 이가 있으면 장자의 몸을 나타내시어 진리를 설하고,

마땅히 거사의 몸으로 제도해야 할 이가 있으면 거사의 몸을 나타내시어 진리를 설하며,

마땅히 재상의 몸으로 제도해야 할 이가 있으면 곧 재상의 몸을 나타내시어 진리를 설하고,

마땅히 바라문의 몸으로 제도해야 할 이가 있으면 곧 바라문의 몸을 나타내시어 진리를 설하며,

마땅히 비구, 비구니, 우바새, 우바이의 몸으로 제도해야 할 이가 있으면 곧 비구, 비구니, 우바새, 우바이의 몸을 나타내시어 진리를 설하고,

마땅히 장자, 거사, 바라문의 부인의 몸으로 제도해야 할 이가 있으면 곧 그 부녀의 몸을 나타내시어 진리를 설하며,

마땅히 동남동녀의 몸으로 제도해야 할 이가 있으면 곧 동남동녀의 몸으로 나타내시어 진리를 설하고,

마땅히 천신, 용, 야차, 건달바, 아수라, 가루라, 긴나라, 마후라가, 사
람인 듯하면서도 사람 아닌 몸으로 제도해야 할 이가 있으면 곧 다 그
들의 몸을 나타내시어 진리를 설하며,
마땅히 집금강신의 몸으로 제도해야 할 이가 있으면 곧 집금강신의 몸
을 나타내시어 진리를 설하느니라.

[文句] 應以者 答方便力也. 現身 答其問遊也. 說法 答其問口也. 凡有三
十三身 十九說法云云.

⇒ '응당 …으로'란 방편의 힘이 어떠하시느냐는 물음에 대답한 것이
다. '몸을 나투어'란 어떻게 사바세계에 노니시느냐는 질문에 대답한
것이다. '진리를 설한다'는 것은 구업(口業)이 어떠하시느냐는 질문에
대답하신 것이다. 무릇 서른세 가지의 몸(33신)과 열아홉 가지의 진리를
설함(설법)이 있다고 하는 것 등이다.

[記] 三十三身十九說法云云者 應具指離合. 結說少故但十九. 如八部四
衆 但結一說. 問 此經會三 何故云應以三乘等耶. 答 形理法一. 故妙音
品云 種種變化 說是經典. 問 何以妙音中四乘居後 觀音中三乘在初 又無
菩薩. 答 總而言之 無非菩薩. 於須別現者 祇是文略. 又三十三身隨感卽
應 亦何前後. 但二文互顯.

⇒ 서른세 가지의 몸(33신)과 열아홉 가지의 진리를 설함(설법)을 운운하
는 것은, 모두 떨어지고 합치는 것(離合)을 가리키는 것이다. 결과적으로
설하는 것이 적기 때문에 단지 열아홉 가지뿐이다. 8부신중과 4부대중
은 같다. 다만 동일한 설법을 묶은 것이다.

질문하건대, 이 경전은 3승을 일승으로 회귀시키는 것인데 무슨 까닭에 3승은 평등하다고 말하는 것인가?

답하기를, 형체는 다르지만 진리(법)는 하나이다. 그러므로 〈묘음보살품〉에 말하길 "가지가지의 변화는 이 경전을 말한다."

질문하건대, 어째서 〈묘음보살품〉 가운데선 4승(乘)이 뒤에 있고, 〈관음보살보문품〉 가운데선 3승이 처음에 있으며, 또한 보살은 없는가?

답하기를, 전체적인 입장에서 말하면 보살이 없는 것이 아니다. 개별적으로 표현해야만 한다는 점에서 단지 문장이 생략된 것이다.

또한 서른세 가지의 몸(33신)은 중생들의 소원에 따라 바로 감응하는데[74] 어찌 앞과 뒤가 있을 것인가. 다만 두 가지의 글을 번갈아 가며 드러낸 것이다.

[補註] 補註云. 不云菩薩身者 或云翻經脫落 或云觀音卽菩薩身. 今家意者 正法華經中有菩薩身. 況妙音中現菩薩形. 故菩薩界或權或實. 種種應化 不可闕也. 不云地獄者 下總答中以種種形 豈不收於地獄界耶. 況請觀音云 或遊戲地獄 則是十界無有缺減.

⇒ 보충하는 주석에서 말하길 "보살의 몸을 말하지 않았다는 것은, 혹은 경전을 번역하는 과정에 탈락된 것이거나, 혹은 관음이 바로 보살의 몸임을 말하는 것이다."라 한다.

자운 준식의 의견으로 보면 **정법화경** 가운데는 보살의 몸이 있다. 하

【각 주】
74) 중생들의 소원에 따라 감응한다는 해석의 원문은 隨感卽應이다. 이 문장에서 感은 중생의 틀, 즉 근기를 의미하며, 應은 중생의 근기에 따라 관음이 시현하는 자비를 의미한다.

물며 〈묘음보살품〉 중에서 보살의 형상을 나타내는 것이랴? 그러므로
보살의 세계는 혹은 방편이기도 하고 혹은 진실이기도 하다. 가지가지
로 감응하여 교화하므로 빠질 수 없는 것이다.

지옥을 말하지 않았다는 것은 아래의 총체적인 대답 가운데서 각종
의 형태를 말했는데 어찌 지옥계를 수용하지 않았겠는가? 하물며 **청관
음경**에서 말하길 "혹은 지옥세계에서 노닌다는 것은 바로 십계에 결함
이나 손감이 없다는 것이다."라 한다.

無盡意 是觀世音菩薩成就如是功德 以種種形 遊諸國土 度脫衆生.

⇒ 무진의야, 관세음보살은 이와 같은 공덕을 성취하여 여러 가지의 모
양으로 일체의 국토에 노닐면서 중생을 제도하여 구제하느니라.

[文句] 從成就下 結別開總. 別文廣意狹. 總答文狹意廣云云.

⇒ '성취'로부터 이하는 개별적인 대답(別答)을 맺고, 총체적인 대답(總
答)을 여는 것이다. 개별적인 대답의 경우는 문장의 표현은 넓되 의취는
좁다. 총체적인 대답의 경우는 문장의 표현은 협소하되 의취는 넓다고
하리라.

[記] 別文廣意狹至云云者 離開多句 故云文廣. 意唯現文 故云意狹. 總答
意狹者但十二字. 言意廣者 旣云種種 何所不該.

⇒ 개별적인 대답의 경우 문장의 표현이 넓고 의취는 협소하다고 운운
한 것은 함축하거나 부연한 구절[75]이 많기 때문에 문장의 표현이 넓다
고 한 것이다. 의미는 단지 문장을 나타낼 뿐이므로 취지가 좁다고 말한
것이다. 총체적인 대답에서 취지가 좁다고 한 것은 다만 12자뿐이기 때
문이다. 취지가 넓다고 한다면 이미 가지가지라 말했는데 어찌 해당되
지 않는 것이 있을 것인가?

【각 주】 ——————————

75) 離開란 단어는 문장을 생략하여 함축미를 높이거나 혹은 부연설명을 통해 이해의 폭을 넓
히는 것이란 의미로 이해하고 번역했다.

공양을 권유하다

是故 汝等應當一心供養觀世音菩薩. 是觀世音菩薩摩訶薩 於怖畏急難
之中 能施無畏 是故 此娑婆世界皆號之爲施無畏者. 無盡意菩薩 白佛言.
世尊 我今當供養觀世音菩薩 卽解頸衆寶珠瓔珞 價値百千兩金 而以與
之 作是言. 仁者 受此法施珍寶瓔珞. 時觀世音菩薩 不肯受之 無盡意 復
白觀世音菩薩言. 仁者 愍我等故受此瓔珞. 爾時 佛告觀世音菩薩. 當愍
此無盡意菩薩及四衆天龍 夜叉 乾闥婆 阿修羅 迦樓羅 緊那羅 摩睺羅伽
人非人等故 受是瓔珞. 卽時 觀世音菩薩 愍諸四衆及於天龍 人非人等 受
其瓔珞 分作二分 一分奉釋迦牟尼佛 一分奉多寶佛塔. 無盡意 觀世音菩
薩有如是自在神力 遊於娑婆世界.

그러므로 너희들은 마땅히 한마음으로 관세음보살에게 공양할지니라.
이 관세음보살마하살은 두려움과 급박한 환란 가운데서도 두려움 없음
(평화)을 베푸실 수 있는 것이니, 이런 까닭으로 이 사바세계에서는 모
두 관세음보살을 '두려움 없음을 베풀어 주는 자'라고 부르느니라."
무진의보살이 부처님께 아뢰었다. "세존이시여, 제가 지금 마땅히 관세
음보살께 공양하겠나이다."하고 온갖 보배구슬과 영락으로 된 백천량
의 가치에 해당하는 목걸이를 풀어 바치면서 이렇게 말했다.
"어지신 성현이시여, 저의 법시(法施)76)인 진기한 보배로 만든 목걸이를
받아주소서."

【각 주】

76) 법시는 진리를 보시하는 것이다. 그런데 법시가 백천만금에 해당하는 가치를 지닌 목걸이
   로 묘사되고 있다.

그때 관세음보살께서 이것을 받지 않으시므로 무진의보살이 거듭해서 관세음보살께 아뢰었다.

"어지신 성현이시여, 저희들을 불쌍히 여기사 이 목걸이를 받아주소서."
그때에 부처님께서 관세음보살에게 말씀하셨다.

"마땅히 이 무진의보살과 사부대중, 천, 인, 용, 야차, 건달바, 아수라, 가루라, 긴나라, 마후라가, 사람인 듯 아닌 듯한 대중들을 불쌍히 여기시어 이 보배 구슬을 받으세요."
(그러자) 즉시 관세음보살께선 사부대중과 천, 인, 용, 야차, 건달바, 아수라, 가루라, 긴나라, 마후라가와 사람인 듯 아닌 듯한 대중들을 불쌍히 여기시고 그 보배구슬을 받으시되, 두 몫으로 나누어 한 몫은 석가모니 부처님께 드리고 한 몫은 다보불탑에 바치셨다.

"무진의야, 관세음보살은 이와 같이 자유자재한 신통력을 지니고 있으면서 사바세계에 노니시느니라."

[文句] 從是故下 勸供養. 此中見形聞法 故勸供養也. 初勸 次受旨. 受旨 爲六. 奉命 不受 重奉 佛勸 即受 結 皆如文.

⇒ '그러므로'로 이하는 공양을 권유하는 것이다. 이 가운데서 형상을 보고 진리를 듣기 때문에 공양을 권유하는 것이다. 처음은 권유하는 것이며 다음은 뜻을 받드는 것이다. 뜻을 받드는 것에 여섯 가지가 있다. 지시를 받드는 것, 받지 않는 것, 거듭 바치는 것, 부처님의 권유, 바로 받는 것, 맺음말이다. 내용은 모두 경문과 같다.

게송으로 설하다

爾時 無盡意菩薩 以偈問曰.

그때에 무진의 보살이 게송으로 여쭈었다.

[補註] 此下經文 文句及記闕. 釋慈雲大師補釋如下.

⇒ 이 아래의 경문은 **법화문구**와 **법화문구기**에는 빠져 있다. 석자운대사가 보충하는 해석은 다음과 같다.

[釋] 第二重頌 是隋煬大業中 智者滅後 笈多所譯 方入大部. 故疏闕釋. 靈感傳 天人語南山云. 什師八地菩薩. 譯法華闕觀音重頌. 旣涉冥報 信有此文. 今扶上二番問答 隨文略釋固難盡理. 講者但令不失上文大途梗槪 何必騁異. 此頌二十六行 爲二. 初一偈雙問二章 次二十五偈 雙答二問. 初問中 一句歎德 三句正問.

⇒ 제2 중송은 수나라 양제의 대업 연중에 지자가 열반한 이후에 달마급다가 번역한 것이니, 비로소 대부에 편입되었다. 때문에 **문소(文疏)**에 해석이 빠져 있다. **영감전**[77]에서 천인이 남산[78]에게 일러 말했다. 구마

【각 주】

77) 법화경의 영험을 기록한 책. 저자는 미상.
78) 도선율사를 지칭. 당나라 때의 저명한 불교사학자이자 율사.

라집 스님은 팔지의 보살이다. **법화경**을 번역했지만 관음의 중송[79]은 빠져 있다. 이미 은밀한 감응(명보)을 입으니, 이러한 글이 있다는 것을 믿었다. 이제 위의 두 문답을 도와 문장에 따라 간략하게 해석하니 진실로 이치를 다하기가 어렵구나. 강의하는 자는 다만 윗글의 대도(大途)의 대강을 잃지 않게 하는 것일 뿐이니 어찌 반드시 다름을 펼치겠는가! 이 게송의 26행은 둘로 구분할 수 있다. 처음 하나의 게송은 동시에 2장을 물었고, 다음의 25게송은 두 가지 질문에 동시에 대답한 것이다. 처음의 질문 중에서 한 구절은 덕을 찬탄한 것이며, 세 구절은 바로 질문한 것이다.

世尊妙相具

신묘한 모습을 구족하신 세존이시여,

[釋] 一句之內 名體合歎 世尊名也. 所以略舉尊號 則知上九並爲三世中尊. 歎之要也. 具相質也. 相妙而具 妙是歎辭. 具謂三十二滿足. 又可妙卽時好 以八十種好. 嚴其相令妙好也. 復次名實俱歎法身 名是妙名 相爲妙相. 上文云具相三十二. 以八十種好 用莊嚴法身 卽此意也. 具此相好者 卽具二嚴. 能答我問 故舉而歎也.

⇒ 한 구절 안에서 명분(개념)과 본체를 합하여 찬탄하니 세존은 명분이다. 그러므로 간략하게 세존의 명호를 열거하니, 바로 이상의 아홉 가

【각 주】 ─────────
79) 〈관세음보살보문품〉에 나오는 중송을 말한다. 보문품을 줄여서 관음이라 지칭하고 있다.

지가 동시에 3세 중에서 존귀한 것임을 알게 된다. 찬탄하는 것의 핵심이다. '모습을 갖추었다(구상)'는 것은 질박함이다. 모습이 미묘함을 갖추고 있으니, 미묘하다는 것은 바로 찬탄하는 말이다. '갖추고 있다'는 것은 32상을 구족한 것이다. 또한 미묘할 수 있다는 것은 바로 장점[80]이니, 80종의 장점이다. 그 모습을 장엄하여 미묘한 장점[81]이 되게 한다. 다시 명분과 실질을 이어서 함께 법신을 찬탄하니, 이름은 미묘한 이름(妙名)이고 모습은 미묘한 모습(妙相)이다.

위의 글에서 말하길 "모습을 갖추는 것이 서른두 가지요, 80종의 장점으로 하고 그것으로 법신을 장엄한다."는 것이 바로 이러한 의미이다. 이러한 상호[82]를 갖추면 바로 두 가지의 장엄을 갖추는 것이다. 내 질문에 능히 대답하기 때문에 열거하여 찬탄하는 것이다.

我今重問彼 佛子何因緣 名爲觀世音.

제가 이제 거듭해 여쭈옵나니 "불자는 어떠한 인연으로 관세음이라 부르나이까?"

[釋] 正問中初句兼於二問. 文云重問 卽重問上二段之事. 孰謂不然.
次二句別問觀音. 欲佛先答初章 就近更徵故也. 亦可三句 倂問初章 自招
後答. 旣有眞身冥益 豈無應緣顯赴耶. 故許說中雙許二番 謂聞名及見身

【각 주】
80) 80종호의 好를 말한다. 따라서 장점이라 번역했다.
81) 32상 80종호를 지칭한다.
82) 32상과 80종호를 지칭하는 단어.

是也. 第二答中作三意. 初二偈總答二章. 次十九偈別答二章. 三四偈勸
持名供養.

⇒ 올바른 질문 중에서 처음의 구절은 두 가지의 질문을 겸하는 것이다.
글에서 '거듭 질문한다.'고 말하는 것은 바로 이상 두 문단의 일을 거듭
해서 질문한 것이다. 누가 그렇지 않다고 말하겠는가?

다음의 두 구절은 관세음보살에게 개별적으로 질문한 것이다. 부처
님께서 먼저 첫 문장에 대답하려고 하는 것이니 가까이 다가가면 더욱
분명해지기 때문이다. 또한 세 구절은 함께 첫 문장에 질문할 수 있는
것이니, 스스로 부른 뒤에 대답한다. 이미 진여법신의 은밀한 이익이
있으니, 어찌 인연에 응하여 나타나는 것이 없겠는가! 그러므로 말씀 중
에서 동시에 허락하는 것을 두 번이나 승인하셨으니, 이름을 듣는 것(聞
名)과 몸을 보는 것(見身)이 이것임을 말한다.

제2의 대답 중에 세 가지 의미가 있다. 처음의 두 게송은 두 문장에
대한 총체적인 대답이다. 다음의 열아홉 게송은 두 문장에 대한 개별적
인 대답이다. 세 번째의 네 게송은 '이름을 수지하는 것과 공양'을 권유
한 것이다.

具足妙相尊 偈答無盡意. 汝聽觀音行 善應諸方所. 弘誓深如海 歷劫不思議. 侍多千億佛 發大淸淨願."

미묘한 모습을 구족하신 세존께서 무진의보살에게 게송으로 대답하셨다. "너는 관음보살의 행업이 시방의 어느 곳에나 잘 감응한다는 것을 들어라. 크고 큰 서원은 그 깊이가 바다와 같아서 아득한 겁을 지나더라도 헤아릴 수 없다. 수천억의 부처님을 모시고 위대하고 청정한 서원을 펼치느니라."

[釋] 總答中 初一偈正答. 次一偈依本觀慈悲. 汝聽觀音行 是總答前章. 觀音卽境智因緣得名. 善應諸方所 是總答後 段普門示現. 竝用上總意消之. 次一偈郤尋本觀慈誓. 顯今智斷十番利益. 本衣別圓無量無作四諦 起於願行. 由誓境深廣 故弘誓如海. 弘卽廣也. 歷劫顯時久遠. 一一劫中 侍多千億 顯値復多. 一一佛所 復發別願 如四十八等. 一一願含法界 故復云大也. 歷劫約竪. 侍多約橫. 一一竪中有橫 一一橫中 有所歷之時. 廣說云云. 將此總中本誓 歷下別答一一難及普門 後廣作可知.

⇒ 총답 중에서 처음의 한 게송은 정답이다. 다음의 한 게송은 관음의 자비[83]에 의지하는 것이다. '너는 관음의 행업을 들어라.'는 구절은 앞의 문장에 대한 총체적인 대답장이다. 관음이란 바로 대상과 지혜의 인연[84]으로 얻은 이름이다. '시방의 어느 세계에나 잘 감응한다.'는 것은 뒤에 나오는 문단인 '보문시현'에 대한 총체적인 대답이다. 아울러 이상의 총합적인 의미를 활용하여 풀이한다.
　　다음의 한 게송은 관음의 자비와 서원을 찾는 것이다. 지금은 지덕과 단덕 등 열 가지의 이익을 나타낸다. 본래 별교, 원교, 무량, 무작의 사제85)에 의지하여 원행(願行)을 일으킨다. 서원의 대상이 깊고 넓기 때문에 크고 넓은 서원(弘誓)이 바다와 같다고 했다. 여기서 크고 넓다는 것(弘)은 곧 넓다는 것(廣)이다. '아득한 겁을 지난다.'는 것은 시간이 오래되고 먼 것을 나타내는 것이다. 하나하나의 겁(헤아릴 수 없는 아득한 시간) 속에서 수천억의 부처님을 모신다는 것은 '만남이 또한 많다는 것'을 드러내는 것이다. 하나하나의 부처님 처소에서 다시 개별적인 서원을 펼치는 것은 48대원 등과 같다. 하나하나의 서원에 법계를 포함하고 있기 때문에 다시 크다고 말한 것이다. '아득한 시간을 지난다.'는 것은 세로의 입장이다. '수많은 부처님을 모신다'는 것은 가로의 입장이다. 하나하나의 세로 속에 가로가 있으며, 하나하나의 가로 속에 지나온 바의 시간이 있다. 그래서 광범위하게 말한다고 운운한 것이다.

이러한 총체적인 것 속에서의 근본 서원으로 아래의 하나하나의 재난과 보문시현에 대한 개별적인 대답을 거친 뒤에 널리 만든다는 것을 알 수 있다.

【각주】

83) 本觀慈悲란 구절을 번역한 것. 이 구절에서 본관이란 본래의 관음, 본질적인 관음을 지칭한다고 본다. 따라서 관음이라 번역했다.

84) 境智因緣을 번역한 구절이다. 여기서 경이란 대상 내지 인식의 경계를 의미한다. 지는 인식의 주체이자 수행을 통해 완성된 지혜를 말한다. 일반적으로는 주객이란 단어로 치환하는 것도 가능하지만 여기서는 전체적인 통일을 위해 대상과 지혜로 번역했다.

85) 천태종에서 주장하는 네 가지의 4성제. 즉 생멸사제, 무생사제, 무량사제, 무작사제가 있다. 생멸사제란 사제의 인과 그대로 생멸이 있다고 관조하는 사제관이다. 무생사제란 무생멸사제라고도 하며, 사성제에 대한 미오(迷悟)의 인과는 모두 공무(空無)하여 생멸하는 일이 없다고 관조하는 사제관이다. 무량사제란 일체의 현상은 무명에서 발생하므로 차별이 있으며, 따라서 사제에도 무량한 모습이 있다고 관조하는 사제관이다. 무작사제란 미오와 같은 대립 모순의 상태 그대로가 모순이 아니라고 관조하는 사제관이다. 이러한 사제관을 장통별원의 사교에 배당한다. 생멸사제는 장교, 무생사제는 통교, 무량사제는 별교, 무작사제는 원교에 해당한다. 그렇게 보면 자운준식의 석에서 원행을 일으키는 것은 별교와 원교에 해당하는 무량사제와 무작사제라는 것을 알 수 있다.

[釋] 第二別答復二.

⇒ 제2 개별적인 대답에 다시 둘이 있다.

我爲汝略說 聞名及見身 心念不空過 能滅諸有苦.

내 이제 너를 위해 간략하게 말하노니, 그 이름을 듣거나 그 몸을 보고,
마음으로 생각하되 헛되이 보내지 않으면 모든 존재의 괴로움을 능히
없앨 수 있느니라.

[釋] 初一偈是雙許二章. 聞名是許前章 見身是許後章. 向誠聽 今許說.
言略說者 卽別答也. 總答多含. 卽文略而意廣. 別答陳列 且約人界果報
邊明七難等 普門 且約三十三身等. 卽文廣而意略. 今取意略 信是許別答
也 聞名 聞觀世音境智名也. 上文約四種聞. 釋成三慧 義觀兩全可解. 見
身卽普門 示現顯應三業也.

⇒ 처음의 한 게송은 동시에 두 문장을 긍정하는 것이다. '이름을 듣는
것(聞名)'은 앞의 문장을 긍정하는 것이고, '몸을 보는 것(見身)'은 뒤의
문장을 긍정하는 것이다. 경계하여 듣도록 지금 설법을 허락하는 것이
다. '간략하게 말한다.'고 하는 것은 바로 개별적인 대답이다. 총체적인
대답에는 많은 것이 포함되어 있다. (그래서) 문장은 간략하지만 의미는
넓다. 개별적인 대답에서 사례를 열거하자면 또한 인간세상의 인과응
보라는 치우친 사고의 입장에서 일곱 가지의 재난 등을 밝힌 것이다. 또
한 보문은 33신 등의 입장이다. 즉 문장의 표현은 넓지만 취지는 간략
하다. 이제 의미가 간략한 것을 취하자면 믿음은 개별적인 대답을 허용

하는 것이요, 이름을 듣는다는 것은 관세음보살의 대상(객관)과 지혜(주관)의 이름을 듣는 것이다.

이상의 글은 네 가지 입장에서 듣는 것이다. 풀이하면 세 가지의 지혜[86]가 되니 의리와 관법의 두 가지가 온전해야 이해할 수 있다. '몸을 본다는 것(見身)'은 바로 다양한 방법(普門)으로 나타나는 것이니 3업에 감응하는 것을 나타낸 것이다.

[釋] 心念不空者 明二段應益也. 心念屬意. 不云身口者 此從冥顯二機 攝二章語便. 何者 初章顯機 若身若口 俱須域意. 故意能總攝也. 故上釋持名云 口爲誦持 心爲秉持 爲理不失. 雖非口持 覺觀是口行. 通屬口業機攝. 例如小彌陀執持名號一心不亂 亦不妨口機. 下文皆云念彼觀音力. 例同此釋. 後段冥機 約心爲便 可解. 不空者 縱使稱名都無顯驗 冥益不虛.

⇒ '마음으로 생각하되 헛되이 보내지 않는다.'는 것은 두 문단에서 감응의 이익을 밝힌 것이다. 마음으로 생각하는 것은 의업에 속한다. 신업과 구업을 언급하지 않은 것은 명현[87]의 두 근기에 따라 두 문장의 언어의 편리함을 섭수하기 때문이다. 왜냐하면 처음 문장의 현기(顯機)는 신업이든 구업이든 함께 의업을 경계로 삼아야만 한다. 그러므로 의업은 총체적으로 섭수할 수 있는 것이다. 그러므로 이상에서 '이름을 수지하는 것(持名)'을 풀이해 말하길 "구업은 송지(誦持)가 되고, 의업은

【각 주】────────
86) 도종지, 일체지, 일체종지.
87) 冥顯은 명기와 현기의 줄임말이다. 명기는 전생의 복업이 아직 익지 않아 잠재적인 상태로 있는 것을 말한다. 따라서 그에 따른 감응도 은근히 발현된다. 현기는 전생의 복업이 성숙하여 표면으로 드러나는 것을 말한다. 따라서 그에 따른 감응도 두드러지게 나타난다.

병지(秉持)가 되지만 이치를 잃지 않는다."[88]고 한다. 비록 입으로 수지하는 것이 아니라고 하더라도 각관(覺觀: 감각기관)이 입으로 행하는 것이다. 일반적으로 구업에 속하는 근기에 섭수된다. 예를 들자면 작은 아미타가 명호를 굳게 수지하면 마음을 통일하여 어지럽지 않으며, 역시 구업의 근기를 방해하지 않는 것과 같다.

아래의 문장은 모두 "저 관음을 생각하는 힘"[89]에 대해 말한다. 사례는 여기의 해석과 같다. 뒤의 문단에 나오는 명기(冥機)는 마음의 입장에서 편리함을 삼은 것이니 (충분히) 이해할 수 있다. '헛되지 않다(不空)'는 것은 설사 이름을 부르게 하더라도 조금의 징험도 나타나지 않지만 '은근한 이익(冥益)[90]'은 헛되지 않는 것을 말한다.

【각 주】 ──────────

88) 송지가 암송하면서 관음의 명호를 수지하는 것이라면 병지란 관상염불처럼 마음으로 생각하면서 수지하는 것이다.

89) 염피관음력(念彼觀音力)을 번역한 것이다. 관음을 생각하는 힘이란 외부에서 오는 것이 아니라 내부에서 생기는 힘이다. 따라서 관음을 생각한다는 것은 관음의 본질이 무엇인가를 관조하는 것이다. 그리 본다면 염(念)은 관조, 염조(念照)를 의미한다. 천태 역시 그런 의미로 설명하고 있다. 보문품 게송에서 가장 중요한 개념이다.

90) 천태는 세상의 불합리한 모순을 설명하기 위해 네 가지의 개념을 수립한다. 그것은 현기(顯機)와 명기(冥機), 현익(顯益)과 명익(冥益)이다. 여기서 명은 두드러지지는 않지만 은근히 느끼지 않을 정도라는 의미이며, 현은 두드러지게 오감으로 느낄 수 있는 정도라는 의미이다. 명익은 그런 점에서 두드러지진 않지만 느끼지 못할 정도로 이익이 따라온다는 개념이다.

[釋] 第二 十八偈正答又二. 初十三偈頌初章 次五偈頌後章. 初又二. 初十二偈明口業機應 次一行略頌身意二種機應. 上文七難 表六大種而云. 假令多擧諸難 亦是表此. 今偈加推墮二山惡獸蛇蠍. 此四皆識種攝. 毒藥從人及蟲鬼 識種攝. 從塵體 地種攝 雨雹水種攝. 又合羅刹鬼難 加六成十二難.

⇒ 제2로 18 게송은 정답인데 역시 두 가지가 있다. 처음의 13 게송은 처음의 문장이며, 다음의 5 게송은 뒤의 문장이다. 처음의 문장은 다시 두 가지가 있다. 처음의 12 게송은 구업의 기응을 밝힌 것이고, 다음 일행의 게송은 간략한 게송인데 신업과 의업 두 가지의 기응이다.

 이상의 문장은 일곱 가지의 재난이니, 여섯 가지의 커다란 종류를 표명해서 말한다. 가령 무수한 재난을 많이 열거한 것 역시 이러한 것을 표명한 것이다. 지금의 게송에선 두 개의 산과 포악한 짐승, 뱀이나 전갈에게 밀쳐 떨어지는 것을 더하고 있다. 이 네 가지는 모두 식(識)의 종류에 포함된다.[91] 독약은 사람으로부터 벌레나 귀신에 이르는 것으로 식(識)의 종류에 포함된다. 티끌의 본체로부터는 지(地)의 종류에 포함되며, 비와 우박은 수(水)의 종류에 포함된다. 또한 나찰귀의 재난을 합하면 여섯을 더해 12종의 재난이 된다.

【각 주】

91) 자운준식 스님은 3재7난을 독특하게 해석한다. 그것은 지·수·화·풍·공·식의 6대로 해석하는 것이다. 여기서는 식의 종류에 포함되는 것, 지의 종류에 해당하는 것, 수의 종류에 해당하는 것을 구체적으로 설명하고 있다.

假使興害意 推落大火坑 念彼觀音力 火坑變成池.

가령 어떤 이가 해치려고 해서 큰 불구덩이에 떨어지더라도 관음을 생각하는 힘 때문에 불구덩이가 변하여 연못이 되리라.

[釋] 初一偈火難. 上文例作三科釋. 貼文 事證 觀解. 於觀中 初廣約十番 遭苦稱名 成機致感. 次約別圓二種本住法門 及慈悲誓願 顯前十界圓益. 今但略作貼文一釋. 餘可準上 不復備敍. 講者應具示其意 使義觀不壅 有益來者. 言大火坑者 上直云大火. 此加之以坑. 大而更深 意顯聖力. 火無淺小 皆能成難. 況乎大坑. 設使劫火從地獄至初禪 如此大坑 滿中紅焰 菩薩亦能 或以吹滅 或以口噏 或復手遮 令其不燒. 或作涼池.

⇒ 처음 한 게송은 불의 재난(火難)이다. 이상 문장의 사례로 3과의 해석을 만든다. 첩문(貼文), 사증(事證), 관해(觀解)이다. 관해 중에서 처음에는 널리 열 번의 고통을 만나 이름을 부르는 입장에서 근기를 성숙시켜 감응에 도달한다. 다음에는 별교와 원교의 두 가지 본주법문과 자비로운 서원의 입장에서 이전 십계의 원만한 이익을 드러낸다. 지금은 단지 첩문의 한 가지 해석만 간략하게 시행한다. 나머지는 이상의 사례에 따를 수 있으므로 다시 순서를 갖추지 않는다.

　강의하는 자는 마땅히 그 뜻을 갖추어 보여주되 의리와 관법이 막히지 않도록 해야만 찾아온 사람에게 유익함이 있다. 큰 불구덩이라 하는 것을 이상에서는 직접 큰불이라 했다. 여기에 구덩이를 더한 것이다. '크고도 또한 깊다는 것'은 의미가 성인의 위신력을 드러내는 것이다. 불이란 얕고 작은 것이 없으므로 모두 재난이 될 수 있다. 하물며 큰 구덩이야 말할 것이 있겠는가? 설사 겁화[92]가 지옥에서 초선천(初禪天)에 이르러서 이러한 큰 구덩이에 붉은 불꽃이 가득하다고 하더라도, 보살은 역시 불어서 제거하거나 혹은 입으로 빨아들이거나, 혹은 다시 손으로 가려서 타지 않게 한다. 혹은 시원한 연못을 만들기도 한다.

或漂流巨海 龍魚諸鬼難 念彼觀音力 波浪不能沒.

혹은 큰 바닷물에 표류하여 용이나 물고기, 온갖 귀신의 재난을 만나더라도 관음을 생각하는 힘 때문에 파도가 능히 빠뜨릴 수 없느니라.

[釋] 次一偈水難. 上得淺處 卽能免難. 若加龍鬼 淺亦可畏. 故値死緣多 重於上文 彌彰聖應爾.

⇒ 다음의 한 게송은 물의 재난(水難)이다. 얕은 곳으로 올라갈 수 있으면 재난을 면할 수 있다. 만일 용이나 악귀를 만난다면 얕은 곳이라도 역시 무서울 것이다. 때문에 죽음을 만나는 인연이 많으므로 이상의 경문에서 거듭 강조하고, 성인의 감응을 더욱 드러나게 한다.

【각 주】 ─────────
92) 말세에 발생하여 온 세상을 다 태워버리는 불을 의미한다. 시대적인 재난의 불이라 해석할 수도 있다.

或在須彌峰 爲人所推墮 念彼觀音力 如日虛空住.

혹은 수미산의 봉우리에서 다른 사람에게 밀려 떨어지더라도 저 관세음을 생각하는 힘 때문에 해와 같이 허공에 머무르리라.

[釋] 次一偈墜須彌峰難. 如日住空 顯聖力難思. 然但是假設 何人能到. 復被推等 設有此事 聖無不爲. 頂生人王 能上妙高. 因貪帝位 還降人間. 若能稱名 必有免理.

⇒ 다음의 한 게송은 수미산의 봉우리에서 떨어지는 재난이다. '해처럼 공중에 머무른다.' 는 것은 성인의 힘은 불가사의하다는 것을 드러낸 것이다. 그러나 이것은 단지 가설일 뿐이니 어떤 사람이 도달할 수 있겠는가? 또한 '떠밀리는 것 등' 이란 설사 이런 일이 있더라도 성인은 못하는 일이 없다. 최정상의 삶을 사는 인왕(人王)도 미묘한 고지(高地)에 올라갈 수 있다. (다만) 옥황상제의 지위를 탐내었기 때문에 도리어 인간의 세상에 떨어진 것이다. 만일 이름을 부를 것 같으면 반드시 벗어나는 이치가 있는 것이다.

或被惡人逐 墮落金剛山[93] 念彼觀音力 不能損一毛.

혹은 악인에게 쫓기어 금강산에 떨어지더라도 저 관세음을 생각하는 힘 때문에 털끝 하나 손상되지 않으리라.

[釋] 四一偈墜金剛山難.

⇒ 네 번째 한 게송은 금강산에서 떨어지는 재난이다.

或値怨賊繞 各執刀加害 念彼觀音力 咸卽起慈心.

혹은 원수나 도적을 만나 각기 칼을 들고 해치려 해도 저 관세음을 생각하는 힘 때문에 모두 다 자비심을 일으키리라.

[釋] 五一偈怨賊難.

⇒ 다섯 번째 한 게송은 원수와 도적의 재난이다.

【각 주】 ─────────
93) 철위산의 다른 이름이다. 수미산을 중심으로 아홉 개의 산이 있는데, 이 중에서 가장 바깥에 있는 산이며 쇠로 만들어져 있다. 그래서 철위산 내지 금강산이라 한다.

或遭王難苦 臨刑欲壽終 念彼觀音力 刀尋段段壞.

혹은 왕법에 걸려 어렵게 고생하다 형벌로 목숨이 끝나려 하더라도 저 관세음을 생각하는 힘 때문에 칼날이 조각조각 부서지리라.

[釋] 六一偈王難.

⇒ 여섯 번째 한 게송은 왕법의 재난이다.

或囚禁枷鎖 手足被杻械 念彼觀音力 釋然得解脫.

혹은 큰칼 쓰고 옥에 갇혀 수족이 형틀에 묶여 있어도 저 관세음을 생각하는 힘 때문에 풀려나 자유롭게 되리라.

[釋] 七一偈枷鎖難.

⇒ 일곱 번째 한 게송은 형틀에 묶이는 재난이다.

呪詛諸毒藥 所欲害身者 念彼觀音力 還著於本人.

저주와 여러 가지 독약으로 자신을 해치려고 할 때도 저 관세음을 생각하는 힘 때문에 (그 화가) 도리어 본인에게 돌아가리라.

[釋] 八一偈毒藥難.
大慈等愛 理合均除. 而還著本人者 被害稱名 機成須救. 能害無機 惡心自剋 非聖使然. 又毒藥有鬼 須得著人. 若不殺他 必須自害.
問 若惡必自剋 怨賊何故 但令起慈. 答 賊害事顯 但令起慈 卽彰聖力. 毒藥陰謨 反害方驗. 然賊亦有自害. 如東林老僧 爲賊所斬 賊反以劍自刺心入背出 群黨奔迸. 又毒藥未必例皆還著. 有作折攝二用釋者. 若二俱有機則可然. 若能害者無冥顯二機 折亦徒施.

⇒ 여덟 번째 한 게송은 독약의 재난이다.
대자대비 등의 사랑은 이치에 합당하게 (어려움을) 균등하게 제거한다. 그러나 '도리어 (해가) 본인에게 돌아간다.'는 것은 피해를 입었을 때 (관음의) 이름을 부르면 반드시 근기가 성숙해야 구원된다. 능히 해치고자 해도 대상이 없으면 악한 마음을 스스로 극복할 수 있으니, 성인이 아니면 그렇게 하겠는가! 또한 독약에도 귀신이 있으니 반드시 사람에게 붙을 수 있다. 만일 남을 죽이지 못하면 반드시 스스로를 해치게 된다.

　질문하건대, 만약 악을 스스로 극복할 수 있다면 원수와 도적은 무슨 까닭에 자비심을 일으키게 할 수 있는가?
　답하기를, 도적이 해를 입히는 일이 드러났는데도 자비심을 일으키게 한다면, 그것은 바로 성인(관음보살)의 힘을 드러내는 것이다. 독약과 음모는 가해의 반작용[反害]에서 비로소 경험하게 되니, 그래서 도적 역시 스스로 피해를 입을 수 있다. 마치 동림의 노승이 도적에게 베임을 당했지만 도적이 도리어 검으로 자신을 찔러, (그 칼이) 심장으로 들어가 등 뒤로 나오자 도적의 무리가 흩어져 달아난 것과 같다. 또한 독약도 아직 반드시 그런 사례가 있는 것은 아니지만 모두 (가해자 자신에게) 되돌아간다. 절복(折伏)과 섭수(攝受)의 두 작용94)을 써서 풀이할 수 있다. 만약 두 가지가 함께 중생들에게 있으면 좋다. 만일 가해자에게 명현(冥顯)95)의 근기가 없으면 절복하더라로 헛되이 베푸는 것이다.

或遇惡羅刹 毒龍諸鬼等 念彼觀音力 時悉不敢害.

혹 악한 나찰이나 독한 용, 혹은 여러 가지 귀신을 만나더라도 저 관세음을 생각하는 힘 때문에 모두를 감히 해치지 못하리라.

[釋] 九一偈羅刹鬼難. 然兼毒龍. 前有魚龍及鬼. 此重言者. 龍鬼通水陸前但在水也. 上文四種龍等云云.

⇒ 아홉 번째 한 게송은 나찰과 귀신의 재난이다. 그러나 독룡을 겸하고 있다. 앞에서는 물고기나 용, 귀신을 말했다. 여기서는 거듭 말한 것이

【각 주】 ───────────

94) 섭수는 자비로 받아들이는 것이다. 따라서 매우 온화하고 부드럽게 상대방을 존중하며 수용하되 진리의 세계로 교묘하게 인도하는 것이다. 반대로 절복이 있다. 절복은 자비로움을 통해서는 상대방을 올바르게 인도할 수 없다고 판단하면 다양한 방법으로 상대방을 굴복시키되, 미워하거나 배척하는 것이 아니라 진리의 세계로 깨우쳐 들어올 수 있도록 하는 방법이다. 불교는 자비를 존중하지만 그 자비가 필요한 경우는 강압적인 방법으로 변모할 수 있다는 점에서 섭수와 절복을 동일한 자비의 실현방법으로 본다.
95) 명현이란 겉으로 들어나지 않는 것과 겉으로 드러나는 것이란 개념이다.

다. 용과 귀신은 물과 땅에 통하지만 앞에서는 단지 물에만 있는 것이었다. 이상의 문장에서 네 가지 종류의 용 등에 대해 언급했다.

若惡獸圍繞 利牙瓜可怖 念彼觀音力 疾走無邊方.

만약 포악한 짐승에 둘러싸여 날카로운 이빨이나 발톱이 무섭더라도 저 관세음을 생각하는 힘 때문에 이리저리 달아나리라.

[釋] 十一偈惡獸難.

⇒ 열 번째 한 게송은 포악한 짐승의 재난이다.

蚖蛇及蝮蠍 氣毒烟火然 念彼觀音力 尋聲自迴去.

살무사와 전갈의 독기가 불꽃처럼 타올라도 저 관세음을 생각하는 힘 때문에 소리를 듣고 스스로 돌아가리라.

[釋] 十一一偈蛇蠍難.

⇒ 열한 번째 한 게송은 뱀과 전갈의 재난이다.

雲雷鼓掣電 降雹澍大雨 念彼觀音力 應時得消散.

구름 속에서 천둥과 번개가 번쩍이고, 우박과 큰비가 쏟아져도 저 관세음을 생각하는 힘 때문에 때맞추어 사라지리라.

[釋] 十二一偈雨雹難. 欲益觀行[96]者 應巧約惡業煩惱 作蛇虎等法門釋之 使順道理. 若準請觀音疎 作三義明消伏力用. 謂約事 約行 約理. 對此中果報煩惱 及所住法門會之 亦應可解. 口業機應竟.

⇒ 열두 번째 한 게송은 비와 우박의 재난이다. 관행을 더하고자 하는 자는 마땅히 악업과 번뇌의 불의 입장에서 뱀과 호랑이 등의 법문을 만들어 교묘하게 풀이하고 도리에 순응하게 한다. 만일 **청관음경소**에 의거할 것 같으면 세 가지의 의미를 만들어서 제거하는 힘과 작용을 밝힌다. 약사(約事), 약행(約行), 약리(約理)[97]를 말한다. 이 중에서 과보의 불과 번뇌의 불, 그리고 머무는 바의 법문에 대해 알면 당연히 이해할 수 있다. 구업의 기응을 마친다.

【각주】

96) 관행(觀行): 나와 대상 등 일체법을 진리에 따라 관찰하여 지혜를 얻는 수행법.
97) 세 가지의 시각을 말한다. 즉 약사는 현상적인 차원, 약리는 본질적인 차원, 약행은 실천적인 차원에서의 시각을 말한다. 천태학에서는 법문의 도리를 약리라 하고, 법문을 설하는 것과 입으로 설하는 순서 등을 약사라 한다. 그리고 약행이라 할 때의 행이란 관행, 즉 관법의 실천을 말한다.

衆生被困厄 無量苦逼身 念彼觀音力 能救世間苦.

중생들이 곤경과 재앙을 만나 헤아릴 수 없는 고통을 받더라도 저 관세음을 생각하는 힘 때문에 능히 세간의 고통에서 구원되리라.

[釋] 第二一偈總頌身意二種機應.
三毒孟盛 心不自在 名之困厄. 四類同棲 各說所苦. 鴿說婬爲最苦 蛇說瞋爲最苦 云云. 女無子苦如上說. 或分二句 對意對身 細作可了. 若作觀解[98]十番 爲三毒所困. 及約世界外 作順逆法門應釋. 應用上文意 消三毒義. 身業無子 無修因男女 乃至無圓頓男女. 尋上文消之. 若心念身禮 二業成機 斷除三毒根. 滿足二莊嚴 永拔十界三土世界之苦. 故云觀音妙智力 能救世間苦. 亦應更明別圓本觀慈悲云云.

⇒ 제2 한 게송은 총체적인 게송이고, 신업과 의업의 두 가지는 기응에 해당한다.

삼독이 사납게 일어나 마음이 자유롭지 않으므로 그것을 곤경과 재액이라 한다. 네 가지 종류가 함께 살고 있으면서 각각 괴로운 바를 말한다. 비둘기는 음욕이 가장 괴롭다고 말하고, 뱀은 성냄이 가장 괴롭다 말하는 것 등이다. 여인에게 자식 없는 고통은 이상에서 말한 것과 같다. 혹 두 구절로 나누면 의업과 신업에 대비하는 것이니 세밀하게 구분할 수 있다. 관해를 열 번 할 것 같으면 삼독 때문에 괴로운 바가 된

【각 주】───────
98) 관해(觀解): 관상(觀想)하여 이해함.

다. 세계의 외부에 대해 본다면 순역의 법문[99]을 만들어 풀이해야 마땅하다.

이상의 문장에서 의미하는 바를 응용하여 삼독의 뜻을 풀이한다. 신업에 자식이 없으면, 닦을 씨앗(修因)이 없는 남녀이고 내지는 원교나 돈교의 씨앗이 없는 남녀이다. 이상에서 문장을 찾아 풀이한다. 만약 마음으로 신업의 예절을 생각하면 의업과 신업의 두 가지 업의 근기가 성숙하여 삼독의 뿌리를 제거한다. 두 가지의 장엄을 충족시키면 영원토록 십계와 세 가지 국토(三土)[100] 세계의 고난을 뽑아버릴 것이다. 그렇기 때문에 '관세음보살의 미묘한 지혜의 힘은 능히 세간의 고난을 구제할 수 있다.'고 말한다. 또한 능히 별교와 원교의 본관자비(本觀慈悲)[101]를 밝힌다고 말하는 것이다.

[釋] 第二五偈別答普門示現.

此中文狹. 望上別文 此仍成總. 又爲三 初二偈頌普現 此二偈頌本觀 三一偈結成聖者三業.

⇒ 제2의 다섯 게송은 보문시현에 대한 개별적인 대답이다.

이 중의 문장은 (의미가) 협소하다. 이상의 다른 문장을 보고 여기서 이내 종합적인 대답을 완성한다. 또한 세 가지가 되는데, 처음의 두 게송

【각 주】

99) 4성제나 12연기, 부처님의 32상 등을 차례대로 관하는 것을 순관, 역으로 거슬러가며 관조하는 것을 역관이라 한다.
100) 정토를 세 가지로 구분하는 말. 법성토(法性土: 법신토, 즉 법신의 국토), 보토(報土: 보신토, 즉 보신의 국토), 화토(化土: 화신토, 즉 화신의 국토).
101) 본관자비란 관세음보살의 대자대비한 자비를 지칭. 본관이란 관음을 지칭하는 단어.

은 보현이요, 다음의 두 게송은 관음이며, 세 번째 나머지 한 게송은 성자(聖者)의 삼업을 완결하는 것이다.

具足神通力 廣修智方便 十方諸國土 無刹不現身 種種諸惡趣 地獄鬼畜生 生老病死苦 以漸悉令滅.

신통한 힘을 구족하고 지혜와 방편을 널리 닦아 시방의 모든 국토에 몸을 나타내어 가지가지 일체의 악한 갈래인 지옥, 악귀, 축생 등의 생로병사의 고통을 점차 모두 사라지게 하느니라.

[釋] 初又二. 初一偈直頌普現 二一偈別擧所化三種法界. 上文列聖身至金剛神 闕地獄界. 此中擧劣況勝成互出耳. 一一身說約四句如前. 又上文約三土爲所應. 此十方當約三土釋十方云云.

⇒ 처음에 또한 두 가지가 있다. 처음의 한 게송은 직접 보현을 찬송하는 것이며, 두 번째의 한 게송은 특별히 교화의 대상인 세 가지의 법계를 열거한 것이다. 이상의 문장에서 성스러운 몸(聖身: 제불보살을 지칭)에서 금강신까지 열거하고 있지만 지옥계는 빠져 있다. 이 가운데서는 열등한 것을 들어서 뛰어난 것에 비교하므로 번갈아 가며 나오게 된다. 하나하나의 몸은 4구의 입장에서 설한 것이니, 앞서 말한 것과 같다.
　　또한 이상의 문장은 세 가지 국토(三土)의 입장에서 감응하는 바를 설명한 것이다. 이 시방세계는 마땅히 세 가지 국토의 입장에서 시방세계를 풀이한다고 하는 것이다.

眞觀淸淨觀 廣大智慧觀 悲觀及慈觀 常願常瞻仰 無垢淸淨光 慧日破諸
闇 能伏災風火 普明照世間.

참된 관찰[102]과 청정한 관찰, 넓고 큰 지혜의 관찰, 가엾은 관찰과 자비
로운 관찰로 항상 바라옵고 항상 우러러보나니, 티 없이 청정한 빛인
지혜의 태양이 어둠을 깨뜨리고 능히 재앙인 바람과 불을 굴복시키며
넓은 지혜의 빛으로 세상을 비추니라.

[釋] 次二偈本觀又二. 初偈行願 次偈觀成普益. 初又三. 二句辨觀 一句
慈誓 一句誠歸向. 眞觀了空 成一切智 淸淨觀出假 處有無染 成道種智.
廣大智慧 卽中道觀. 徧於諸法名廣 勝出二邊名大. 中道體卽智慧. 觀此
體故 名智慧觀. 問 何以智慧名中體耶. 答 順此經意 此經以寂照合法身
爲體 感應爲宗 得作此說. 三智[103]實在一心中得 不可一異. 悲觀等者 誓
願通稱. 爲觀緣諦發故. 如止觀十法. 通名爲觀. 次偈辨益又二. 上二句智
光 次二句慈光.

⇒ 다음 두 게송은 관음에 관한 것이니 역시 두 가지가 있다. 처음의 게
송은 행원(行願)이며, 다음의 게송은 관법을 완성하여 두루 이롭게 하는

102) 여기서는 觀을 관찰로 번역했다. 범어 원본에는 관이 아니라 눈[眼]으로 되어 있지만 구마
　　라집 스님이 눈은 보는 작용을 한다는 점에서 觀으로 번역했다. 이것을 천태지의는 단순
　　히 눈으로 보는 작용을 의미하는 것이 아니라 내면과 사물의 이치를 관조한다는 의미로
　　확대해석했다. 수행의 차원으로 승화시킨 것이다. 여기서는 두 의미를 동시에 포괄할 수
　　있는 관찰이란 용어로 번역했다.
103) 삼지(三智): 지도론(智度論). 성문(聲聞) · 연각(緣覺)의 지(智)인 일체지(一切智), 도(道)의
　　종별을 아는 도종지(道種智), 평등한 상(相)과 차별의 상(相)을 아는 일체종지.

것이다. 처음에 또한 세 가지가 있다. 두 구절은 변관(辨觀: 관법의 종류를 밝히는 것)이며, 다른 한 구절은 자서(慈誓: 자비를 완성하겠다는 서원)이고, 나머지 한 구절은 성실한 귀향(歸向: 귀의)이다. 참된 관찰(진관)로 공제[104]를 요달하여 일체의 지혜를 이루고, 청정한 관찰(청정관)로 가제를 벗어나 존재의 세계에 살더라도 물듦이 없으니 도종지를 이룬다. 넓고 큰 지혜의 관찰(광대지혜관)은 바로 중도관이다. 모든 존재에 두루 미치므로 넓다고 하고, 극단적인 이분법적 사고의 틀(2변)을 훌륭하게 벗어났기에 크다고 한다. 중도의 본질은 바로 지혜이다. 이 본질을 관조하므로 지혜의 관찰(지혜관)이라 한다.

질문하건대, 왜 지혜를 중도의 본질이라 하는가?

답하기를, 이 경전의 의미(내용)에 따르면 이 경전은 고요히 관조하는 것[寂照]으로 법신에 계합하는 것을 본질로 삼고, 감응을 종취로 삼기 때문에 이런 주장을 하는 것이다. 세 가지의 지혜(3지)[105]는 진실로 일심(한 마음) 속에서 얻게 되나니, 동일하지도 다르지도 않은 것이다.

가엾은 관찰(悲觀) 등은 서원의 일반적인 명칭이다. 관법은 진리를 인연으로 펼쳐지기 때문이다. **마하지관**의 10법과 같은 것이다. 일반적인 명칭으로 관법(관조한다는 의미)을 삼는다. 다음의 게송은 이익을 밝히는 것인데, 역시 두 가지가 있다. 이상의 두 구절은 지혜의 빛이요, 다음의 두 구절은 자비의 빛이다.

【각 주】 ────────

104) 공가중 3제를 활용해 설명하고 있다. 공제, 가제, 중제는 천태의 교의학에서 기본적인 논리적 요소이다. 공이란 인연으로 생기기 이전의 상태, 가제란 인연으로 성립된 현실의 상태, 중제란 공제와 가제의 장단점을 살피고 두 가지를 적절하게 포용하는 자세이다.

105) 도종지, 일체지, 일체종지를 말한다. 천태는 이 지혜를 수행의 계위와 안배하여 각각 다른 수행의 경지로 설명한다.

悲體戒雷震106) 慈意妙大雲 澍甘露法雨 滅除煩惱焰.

대비는 본체가 되고 계율은 우레가 되며, 사랑스런 마음은 미묘하고 큰 구름 같으니, 단 이슬과 같은 진리의 비를 뿌려 번뇌의 타는 불꽃을 사라지게 하니라.

[釋] 三一偈結成聖者三業顯應.
戒雷對身業 慈雲對意業 澍雨對口業. 戒檢七支107) 身業爲便. 戒淨能拔三惡之苦 故名悲體. 身輪現通 駭動羣情 復如雷震. 內心愛念名慈 普覆一切如雲. 無謀而應 逗會不差. 復名爲妙 意業也. 口輪演實相之法爲甘露雨 三草二木 平等蒙潤 三惑熱惱108) 爲之淸涼. 廣釋三無緣三不護等如上文. 一一應跡 一一說法 皆須明別圓菩薩所住法門. 方有事用 釋普門一番竟.

⇒ 셋째 또 하나의 게송은 성자가 삼업으로 현응(顯應, 감응을 드러내는 것)하는 것을 완결하는 것이다.

계율의 천둥소리는 신업에 대한 것이고, 자비의 구름은 의업에 대한 것이며, 비를 뿌리는 것은 구업에 대한 것이다. 계율은 7지를 점검하는 데 신업을 방편으로 삼는다. 계율이 청정하면 3악도의 고난을 제거할 수 있기 때문에 자비의 본질(悲體)이라 한다. 신업의 바퀴가 신통력을 나타내면 중생을 놀라게 하여 움직이게 하는 것이 또한 천둥이나 번개와 같다. 내심으로 사랑스럽게 생각하면 사랑이라 부르고, 일체를 두루 감싸고 덮는 것은 구름과 같다. 의도적으로 도모하지 않아도 감응하므로 피하거나 만나거나 차이가 없다. 또한 미묘하다고 하는데 바로 의업이다. 구업의 바퀴로 실상의 진리를 연설하여 감로의 비를 만드니, 3초 2목[109]이 평등하게 혜택을 입어 3혹의 뜨거운 번뇌를 시원하게 해준다. 널리 3무연과 3불호[110] 등을 풀이하니 이상의 글과 같다.

하나하나의 응적(應跡: 감응의 자취)과 설법은 모두 별교와 원교의 보살들이 머무는 바의 법문을 밝히는 것이다. 바야흐로 사물의 작용이 있나니 보문의 첫 번째를 풀이한다.

[釋] 第三四偈勸持供養. 又爲二. 初二行一句 勸持 二一行三句 勸供養. 初又二.

⇒ 제3 네 게송은 권지와 공양이다. 또한 두 가지가 있다. 처음의 2행 1구는 수지의 권유(권지)를 말하는 것이요, 두 번째의 1행의 3구는 공양을 권유하는 것이다. 처음에도 또한 두 가지가 있다.

【각 주】 ━━━━━━━━
109) **법화경** 〈약초유품〉에 나오는 내용이다. 3초는 작은 풀, 중간 풀, 큰 풀이며, 2목은 작은 나무와 큰 나무이다. 중생을 지칭하는데 다양한 숲처럼 중생도 다양함을 상징한다.
110) 여래의 신구의 3업은 청정하여 과실이 없기 때문에 다른 사람들처럼 알지 못해 감추어 지킬 필요가 없는 것을 말한다. 신불호, 어불호, 의불호이다.

諍訟經官處 怖畏軍陣中 念彼觀音力 衆怨悉退散.

송사를 다투어 관청에 가거나 무섭고 두려운 군대의 진영에 있더라도 저 관세음을 생각하는 힘 때문에 모든 원수가 흩어져 사라지니라.

[釋] 初一行重擧前口業[111] 機應以爲勸
由前口業居初. 擧一攝二. 所以特擧. 官訟軍陣者 水火難稀 鬼虎事寡. 運衰方値. 諍訟事衆世之諍本. 財色田宅 日用有之 勸持則要也. 刀杖幽執 有過方遭. 軍陣王役 事非由己. 又捔力相持 白刃森目 刀杖案籍 賒死之難. 賊奪有財 非如師旅 斯亦勸之要也.

⇒ 처음 1행은 앞의 구업의 기응을 들어서 거듭 권유하는 것이다.[112]
앞의 구업의 기응 때문에 처음에 두었다. 하나를 들어서 두 가지를 섭수하는 것이다. 그러므로 특별히 열거한다.

'관청의 송사와 군대의 진영'은 물과 불의 재난이 드물고, 귀신과 호랑이의 일도 적다. 다만 운수가 쇠약하면 비로소 만난다. 소송으로 다투는 일이 많은데, (그것은) 세상에서 다툼의 근본이다. 재물과 색욕, 전답과 집은 날마다 사용하는 것이므로 유지하길 권유하는 핵심이다. 칼과 지팡이는 함부로 사용하지 않지만 허물이 있으면 비로소 만난다. 군진과 왕역[113]의 일은 자기 맘대로 되는 것이 아니다. 또한 각력(捔力)[114]

【각주】 ─────────
111) 구업(口業): 삼업(三業)의 하나. 곧 말을 잘못하여 짓는 죄업.
112) 이 구절은 대정신수대장경 판본에는 없고, 금릉각경처본에만 있다.
113) 요즘 말로 병역과 공공의 부역을 의미한다. 모두 강제성을 지니고 있다는 공통성이 있다.
114) 짐승의 뿔을 잡아 눌러서 짐승을 굴복시키는 힘. 매우 건강하고 힘이 세다는 표현.

을 서로 유지하고, 날카로운 칼로 삼림을 베니, 칼과 지팡이나 책상과 서적은 죽음의 재난을 멀리한다. 도적이 지니고 있는 재물을 약탈하더라도 군사의 행군과는 다르므로 이 또한 권유의 핵심이다.

妙音觀世音 梵音海潮音 勝彼世間音 是故須常念 念念勿生疑

미묘한 소리(묘음)와 세상을 관찰하는 소리(관세음), 하늘의 소리(범음)와 바닷가의 조수 소리(해조음), 저 세간보다 뛰어난 소리. 때문에 항상 생각해야만 하느니 생각 생각마다 의심하지 말라.

[釋] 次一行一句正勸 又二. 初三句約權實[115]格量. 次二句結勸. 先擧菩薩實證實益 爲格量本. 勝彼九界權乘慈智. 故云勝世間音. 祇音塵[116]一法 以實智佛眼觀之 卽實諦妙音. 權智法眼觀之 卽俗諦[117]世音. 此實證也. 緣中道修慈 名爲梵音. 此慈能與機會 名海潮音. 譬不失度此實益也. 與夫九界生法 二慈作意應物 豈復爲類. 故云勝彼格量明矣. 二句結勸. (是故須常念念念勿生疑)[118] 初勸常念有事理二行(云云). 若事理行

【각 주】━━━━━━━━━━━

115) 권실의 개념은 천태나 법화사상에서 중요하다. 권은 방편을 의미하고, 실은 진실이나 본질적인 지혜를 의미한다. 본질적인 지혜는 방편에 의지해 중생들을 인도한다는 점에서, 방편과 진실은 불가분리의 관계에 있다. 방편은 징검다리와 같은 지혜라면 진실은 도달해야할 실상의 경지를 말한다.

116) 음진(音塵)은 소리와 세속이란 의미이다. 소리는 중생들의 소리이며, 다양한 소원과 그에 따른 중생의 근기를 말한다. 티끌이란 하찮은 세상을 표현한 것이다.

117) 속제(俗諦): 세간의 이치를 기준으로 할 때 타당한 진리. 자타(自他)의 차별이 있는 현실 생활의 이치.

118) 이 구절은 금릉각경처 판본에는 누락되어 있다. 필자가 대정신수장경의 판본에 의거해 삽입했다.

成 自見菩薩色法二身. 故一句復止疑勸也.

⇒ 다음 한 행과 한 구절은 정면으로 권유하는 것인데, 또한 두 가지가 있다. 처음의 세 구절은 권실의 입장에서 궁극적으로 헤아린 것이다. 다음의 두 구절은 권유를 완결하는 것이다.

먼저 보살의 진실한 깨달음과 진실한 이익을 들어서 궁극적인 헤아림의 근본으로 삼는다. 저 9계를 뛰어넘는 방편으로 자비와 지혜에 올라탄다. 그러므로 세간의 소리(세간음)보다 뛰어나다 말한다. 소리와 세간(音塵)은 동일한 법이니, 진실한 지혜와 부처님의 눈(佛眼)으로 그것을 보면 바로 진실한 진리의 미묘한 소리(음성)이다. 방편의 지혜와 진리의 눈(법안)으로 그것을 보면 바로 세속적인 진리인 세상의 소리이다. 이것이 진실한 깨달음이다. 중도를 인연으로 자비를 닦으면 하늘의 소리(범음)라 한다. 이러한 자비는 능히 근기와 회통할 수 있는 것이므로 바닷가의 조수 소리(해조음)라 한다.

예컨대 법도를 잃지 않으면 이것이 진실한 이익이다. 대저 9계를 살리는 가르침(生法)은 두 가지의 자비[119]로 마음대로 사물에 감응하니 어찌 또한 이러한 부류가 있겠는가! 그러므로 저것보다 뛰어나다고 말하며, 본질을 헤아려 밝히는 것이다.

두 구절은 권유를 완결하는 것이다. (그러므로 항상 생각하되 생각 생각에 의심을 일으키지 말라는 구절에서) 처음에 항상 생각하라고 권유하되 사리(事理)[120]의 두 가지 행이 있다고 말한다. 만일 사리의 행이 이루어지면 스스로 보살의 색신과 법신의 두 가지 몸을 보게 된다. 그러

【각 주】 ————
119) 방편의 자비와 본질의 자비, 즉 권자(權慈)와 실자(實慈)이다.
120) 사리는 현상과 본질, 혹은 표면적인 측면과 본질적인 측면을 의미한다.

므로 하나의 구절은 다시 '의심하지 말라'고 권유하는 것이다.

觀世音淨聖. 於苦惱死厄 能爲作依怙. 具一切功德 慈眼視衆生 福聚海
無量. 是故應頂禮.

관세음보살은 청정하고 성스러워라! 고뇌와 죽음의 액운 속에서 능히
의지하고 믿을 바 되리. 일체의 공덕을 두루 갖추고 사랑스런 눈으로
중생을 살펴보시니 복덕이 바다처럼 한량없구나. 이런 까닭에 마땅히
머리 숙여 예배하여라.

[釋] 次一行三句勸供養 初一句歎.
菩薩清淨三業. 從正命生 故云淨聖. 言其堪受供養也. 正命是聖法. 人禀
此法 名人爲聖. 故云觀音淨聖. 次別別擧德以爲勸由. 於苦惱下二句 頌
上施無畏德. 苦惱死厄怖畏處也. 作依怙無畏力也. 如幼子恃怙父母 更
何所畏. 卽指前現權實身. 說爲父母 護三乘[121]子 免二死厄. 具一切下四

【각주】 ─────────────

121) 삼승(三乘): 불제자(佛弟子)를 크게 3가지로 구분하여 삼승(三乘)이라고 한다. 승(乘)은 물
건을 실어 옮기는 것을 목표로 하므로 부처님의 가르침도 중생을 실어 열반의 언덕(彼岸)
에 이르게 하는 데서 비유되었다.
① 성문(聲聞): 가장 원시적 해석으로는 석존의 음성을 들은 불제자를 말한다. 곧, 부처님
이 말씀하는 소리를 듣고 이를 관(觀; 살피어 봄)하여 해탈을 얻는 수행자를 말한다.
② 연각(緣覺): 부처님의 직접적인 교화에 의하지 않고 홀로 꽃이 피고 잎이 지는 따위의
이치[인연법]를 관하여 깨달아 자유경(自由境)에 도달하는 성자로 독각(獨覺), 인연각(因緣
覺)이라고도 한다.
③ 보살(菩薩): 넓은 의미로는 일반적으로 대승교에 귀의한 사람을 말하는데, 곧 불도(佛
道)에 들어와 사홍서원(四弘誓願)을 내고 육바라밀(六波羅蜜)을 수행하며 위로는 보리(菩
提: 깨달음)를 구하고 아래로는 일체중생을 교화하여 오랜 세월동안 자리(自利)·이타(利
他)의 행(行)을 닦으며 51가지의 수행단계를 지나 드디어 불과(佛果)를 증득하는 사람이다.

句 擧福田勸.

具一切功德 擧菩薩報身敬田(由[122]). 慈眼視衆生 擧應身恩田. 福聚海無
量 總歎二田. 高出如山之謂聚 深廣無際之謂海. 亦是二田所依 歎法身
也. 頂禮[123] 正勸以三業供養也. 身儀事顯 故特擧之. 必具三業 上文脫瓔
珞. 望今乃互擧耳. 又此勸事普. 一切皆得供養百金之瓔. 孰人可辨. 又
能嚴尙貴 所嚴豈復輕耶. 觀心者 身業勤則增長福德供養應身. 口業動則
說般若 供養報身. 意業勤則會理 供養法身(云云). 釋偈竟.

⇒ 다음 1행 3구절은 공양을 권유하는 것이다. 처음 한 구절은 보살의
청정한 3업을 찬탄한 것이다. 바른 생활(정명)에서 생기는 것이기 때문
에 '청정하고 성스럽다'고 말한다. '그것은 감히 공양을 받는다.'는 의
미이다. '바른 생활(정명)'이 바로 성인의 가르침이다. 사람들이 이 가르
침을 본받으면 '사람이 성인이 되었다'고 말한다. 때문에 관음을 청정
한 성인이라 말한다.

　다음에는 특별히 개별적인 공덕을 들어서 권유하는 이유로 삼았다.
고뇌 아래로 두 구절은 위에서 '두려움 없음을 베푼다(施無畏)'[124]는 것
의 공덕을 찬송한 것이다. '고뇌와 죽음의 재액'은 공포로 두려워하는
곳이다. '믿고 의지한다는 것'은 두려움 없음의 힘이다. 마치 어린아이
가 부모를 믿고 의지함과 같으니 다시 무엇을 두려워 할 것인가? 바로
이전에 방편과 진실(권실)의 몸을 나타낸 것을 가리킨다. 부모가 된다고

【각 주】────────
122) 신수장경본에는 由로 되어 있다. 오식이다. 번역은 금릉각경처본에 따랐다.
123) 정례(頂禮): 극히 공경하는 뜻으로 이마가 땅에 닿도록 몸을 구부려 절함. 또는 그 절.
124) 이 구절은 마음의 평안과 안락함을 준다는 의미이다. 궁극적으로 관음의 존재 이유는 중
　　생을 평화롭고 안락하게 만드는 것이란 의미를 내포하고 있다.

설하여 3승의 자식을 보호하고, 두 가지 죽음의 재액(災厄)을 면하게 한다. '일체를 갖춘다.'는 구절의 아래 네 구절은 복전(福田)[125]을 들어서 권유한 것이다.

'일체의 공덕을 구비한다.'는 것은 보살의 보신(報身)과 경전(敬田)을 열거한 것이다. '자비로운 눈으로 중생을 살펴본다.'는 것은 응신과 은전(恩田)을 열거한 것이다. '복덕이 바다처럼 헤아릴 수 없다.'는 것은 종합적으로 두 가지의 복전을 찬탄한 것이다. 높이 솟아나온 것이 산과 같은 것을 '모였다'고 표현하고, 깊고 넓기가 끝이 없는 것을 '바다'로 표현했다. 역시 두 가지 복전이 의지하는 것이니, 법신을 찬탄하는 것이다. '머리 숙여 예배한다.'는 것은 올바르게 3업의 공양을 권유한 것이다. 행동거지로 일을 드러내기 때문에 특별하게 거론한 것이다. 반드시 3업을 갖추어야 하므로 이상의 문장에서 보배 구슬을 벗은 것이다.

지금에서 보자면 교대로 거론했을 뿐이다. 또한 이것은 일의 보편성을 권유한 것이다. 일체는 모두 백천 금의 가치가 있는 보배 구슬을 공양할 수 있다. 어떤 사람이 분별할 수 있겠는가? 또한 주체적으로 장엄하는 것은 고귀하게 숭상하면서, 장엄되는 것을 어찌 가볍다고 하겠는가!

마음을 관조한다는 것(觀心)은 신업의 부지런함이니, 바로 복덕을 길러서 응신을 공양하는 것이다. 구업이 부지런하면 반야를 설하여 보신을 공양하는 것이다. 의업이 부지런하면 이치를 알아서 법신을 공양하는 것이라 한다. 게송의 풀이를 마친다.

【각 주】

125) 일반적으로 세 가지의 복전을 말한다. 부처님이나 승단을 공경하는 경전(敬田), 부모나 스승의 은혜에 감사하고 은혜를 갚고자 하는 은전(恩田), 가난한 사람이나 병자를 돌보아 주는 비전(悲田)이다.

[補註] 上來慈雲大師釋普門品重頌文竟. 下經文第三聞品得益 仍接文句
及文句記文.

⇒ 이상으로 자운대사가 〈보문품〉에 나오는 중송의 문구를 풀이했다.
아래의 경문은 제3 '보문품을 듣고 이익을 얻는 것'이다. 이에 천태의
법화문구와 형계담연의 **문구기**의 글을 이어서 한다.

附加[126]

이와 같이 인간 세상 슬피 여기사 오는 세상 부처님 되실 것이니, 온갖 고통 없애주는 관음보살께 목숨 다해 지심으로 절하옵니다.

세자재왕 스승 삼은 법장비구는 세상사람 모든 공양 받으시옵고, 한량없는 오랜 겁을 닦고 행하여 높은 진리 바른 깨침 이루시었네.

관음보살 대자비의 거룩한 스승 아미타불 왼쪽이나 오른쪽 서서 아미타불 도우시며, 여환삼매로 온갖 국토 부처님을 공양하시네.

서방에 극락이란 정토 있나니, 그곳에는 중생들의 인도자이신 아미타 부처님이 설법하시며 모든 중생 구원하며 살고 계시네.

극락세계 그곳에는 남녀 간의 정욕 없나니, 불자들은 아름다운 서방정토 화생하여서 맑고도 깨끗하온 연화대에 앉게 되도다.

거룩하온 아미타불 부처님께선 깨끗하고 영묘한 연꽃 봉우리 사자좌 높은 곳에 앉아 계시니 샤알라 나무처럼 빛나시도다.

또한 다시 이 세계의 스승께서는 삼계에선 비할 데 본래 없으니 나도 이제 그 공덕장 찬미하옵고 어서 빨리 거룩하고 자비하신 관세음처럼 가장 높은 공덕인이 되려 합니다.

【각 주】

126) 박스 안에 소개한 것은 범본에는 나오고 있지만 한문본에는 없는 게송이다. 참고로 여기에 소개한다. 다만 소개한 내용은 불사리탑에서 발간한 도림스님 역, **법화경** 〈보문품〉에 나오는 내용이다.

보문품의 공덕

爾時持地菩薩 卽從座起 前白佛言. 世尊 若有衆生 聞是觀世音菩薩品自在之業 普門示現神通力者 當知是人功德不少. 佛說是普門品時 衆中八萬四千衆生 皆發無等等阿耨多羅三藐三菩提心.

그때 지지보살이 바로 자리에서 일어나 부처님 앞에서 아뢰었다.
"세존이여, 만일 어떤 중생이 이 〈관세음보살품〉의 자유로운 행업과 다양한 방법으로 보이시는 신통력을 듣는다면 마땅히 이 사람의 공덕이 적지 않다는 것을 알겠습니다."
부처님께서 이 보문품을 설하실 때 대중 가운데의 팔만사천 중생이 모두 비할 바 없이 평등한 아뇩다라삼막삼보리의 마음을 일으켰다.

[文句] 從持地下 是聞品功德云云. 無等等者 九法界心 不能等理. 佛法界心 能等此理. 故無等而等也. 又畢竟之理 是無等. 初緣畢竟理而發心 能等於理. 故言無等等也. 又心之與理 俱不可得 將何物等何物而言等等耶. 心之與理 俱不可說 不可說而說 說此心等此理 故言無等等耳. 初一是橫釋 次一是豎說. 次一非橫非豎說也云云.

⇒ '지지' 아래는 〈보문품〉을 듣는 공덕을 운운한 것이다. 무등등이란 9법계[127]의 마음은 진리에 평등할 수 없다. 부처의 법계의 마음은 이러한 진리에 평등할 수 있다. 때문에 평등함이 없는(無等) 가운데서도 평등하다. 또한 궁극적인 진리는 평등함이 없는 것이다. 처음에는 궁극적인 진리를 인연으로 삼아서 발심하므로 진리에 평등할 수 있다. 때문에 평등함이 없는 가운데서 평등함(무등등)이라 한다.

또한 마음과 진리는 동시에 체득할 수 없는 것인데, 장차 어떤 물건을 가지고 어떤 물건과 평등하게 해서 평등하고 평등하다고 하는 것인가! 마음과 진리는 함께 말할 수 없는 것인데, 표현할 수 없는 것인데도 표현하는 것은 이 마음이 이러한 이치와 평등하다고 말하는 것이므로 '평등함이 없는 가운데서 평등함(무등등)'이라고 말할 뿐이다. 처음의 하나는 가로로 해석하는 것이요, 다음의 하나는 세로로 설하는 것이다. 그 다음의 하나는 가로도 아니고 세로도 아닌 설명이라 운운한다.

【각 주】 ─────────────
127) 천태의 이론에선 존재의 세계를 열 개의 범주로 구분한다. 그것을 십법계라 한다. 그 중에서 부처의 법계를 제외한 지옥, 아귀, 축생, 인, 천, 아수라, 성문, 연각, 보살의 법계를 9법계라 한다.

[記] 聞品功德云持地者 寶雲經云. 菩薩有十法名持地三昧. 如世 間地. 一者廣大 二衆生依 三無好惡 四受 大雨 五生草木 六種子所依 七生衆寶 八生衆藥 九風不動 十師子吼亦不能驚. 菩薩亦爾.

⇒〈보문품〉 듣는 공덕을 '지지(持地)'라 말하는 것은 **보운경**에서 말하길 "보살에게는 열 가지의 법이 있는데 지지삼매라 한다. 마치 세간의 대지와 같다. 첫째 광대함이요, 둘째 중생이 의지함이요, 셋째 좋고 나쁨이 없는 것이요, 넷째 큰 비를 받아들임이요, 다섯째 초목을 키움이요, 여섯째 종자가 의지하는 바요, 일곱째 여러 가지의 보물을 생기게 함이요, 여덟째 중생을 살리는 약이요, 아홉째 바람에 흔들리지 않음이요, 열째 사자후에도 놀라지 않는 것이다. 보살 또한 그러하느니라."고 한다.

經一一合 今謂以八敎判[128] 方應今經. 聞品功德下云云者 應對諸經及以今部 辯其得益共別不同. 以判敎相兼帶異. 敎若唯小顯露終無結得大益. 密得大 益敎不可傳. 敎雖不傳須辨其旨. 若如方等[129]般若之流 以部共故聞益亦共. 則具顯密及以不定 互相知者名爲不定 互不相知名爲祕密. 是則部內或品似大 益有大小. 或品似小益亦大小. 或兼大小益亦大小. 皆以向來三義消之.

【각 주】 ───────

128) 교판(敎判): 불교의 다양한 교설(敎說)들을 각 종파의 기준에 따라서 교리의 얕고 깊음을 분류하고 종합하여 하나의 유기적인 사상 체계로 이해하는 일. 북경각경처본에는 八이 入으로 되어 있다. 원래 오시팔교를 말하는 것이므로 8자로 해석한다. 8교판이란 천태지의의 주장인데, 화법4교와 화의4교가 있다. 화법4교는 장교, 통교, 별교, 원교이며, 화의4교는 돈교, 점교, 비밀교, 부정교이다. 이것을 합쳐서 8교판이라 한다.

129) 방등(方等): 기존의 부파 불교를 비판하면서 새로운 불교를 일으킨 사람들이 기존의 불교를 소승으로, 자신들을 대승이라고 지칭한 것.

⇒ 하나하나 교합(校合)하여 이제 오시팔교의 교판으로 설명하니, 비로소 지금의 경전(법화경)에 상응한다. '보문품을 듣는 공덕' 다음이라고 운운한 것은 여러 경전과 지금의 법화경에 대응하여 그 득익과 공별(共別)의 차이를 밝히는 것이다. 해서 교상을 판별하고 평등성과 차별성을 동시에 지닌다. 교상이 작을 뿐이라면 감로를 드러내는 일은 끝내 없지만 결과적으로는 커다란 이익을 얻는다. 은밀하게 커다란 이익을 얻지만 가르침을 전할 수는 없다. 비록 그 가르침은 전할 수 없다고 하더라도 반드시 그 취지를 밝혀야만 한다. 만일 방등이나 반야의 무리와 같을 것 같으면 경전을 공유하기 때문에 듣는 이익도 함께 한다. 바로 현교와 밀교(顯密), 그리고 부정교(不定)을 갖추고 있으되 서로 간에 알면 부정교라 이름하고, 서로 알지 못하면 비밀교라 이름 한다. 이것은 바로 경전의 부류나 혹은 품류(品類)에서 유사성이 큰 것이지만 이익에는 크고 작음이 있다. 혹은 품류의 유사성이 작더라도 이익에는 크고 작음이 있다. 혹은 (유사성의) 크고 작음을 동시에 지니더라도 이익에는 크고 작음이 있다. 예로부터 모두 세 가지의 의미로 풀이한다.

不能具指諸經品相 思之思之. 今經唯大大中唯圓. 無密偏小 故聞品益始終無偏. 雖於圓中亦有發心不退及無生等 不與偏小共也. 約部判 益良由於此 故嚴王品雖云法眼名同體異. 定非初果.[130] 須判爲六根清淨法眼位耳. 卽七信已上

⇒ 모든 경전의 품상(品相: 각 품의 교상)을 함께 소개할 수 없으니 생각하고 생각하라. 법화경만이 오직 위대한 것이니 위대함 속에서도 오직 원만무애할 뿐이다. 비밀이 없고 치우침이 작기 때문에 〈보문품〉을 듣는 이익에는 시종일관 치우침이 없다. 비록 원교 가운데서도 또한 발심과 불퇴전의 경지와 무생법인의 경지 등이 있다고 하더라도 치우친 소승과 함께 하지는 않는다. 부류의 입장해서 이익을 열거하면 진실로 여기에서 말미암는다. 때문에 〈묘장엄왕본사품〉에서 비록 법안(法眼)을 언급하고 있다고 하더라도 (그것은) 이름은 같지만 본질은 다른 것이다. 결정코 초과(初果)는 아니다. 반드시 6근이 청정한 법안의 위치에서 판별해야만 한다. 바로 7신[131] 이상이다.

若聞法華令得初果 則法華一 部文義俱壞. 初一是橫釋等者 結前三重釋無等等 以成大車. 佛界一念望理名橫. 佛心望理二義均等. 故名爲橫. 次約初心緣畢竟理 初後相望爲豎. 第三意者 心之與理冥符一體 俱不可說. 誰論橫豎. 初釋唯佛心卽空也. 次釋通一切假也. 第三明前二俱不可得中也.

【각 주】 ─────────

130) 초과(初果): 성문(聲聞) 4과의 하나. 예류과(預流果)를 말함. 욕계 · 색계 · 무색계의 견혹(見惑)을 끊고 처음으로 성인의 무리에 참여하는 자리.
131) 화엄 열 가지 믿음의 단계 중에서 일곱 번째의 단계를 말한다.

⇒ 만일 법화경을 듣고 초과를 얻게 한다면 법화경에서 말하는 문장의 의미가 모두 허물어진다. '처음 하나는 가로로 해석하는 것과 같다.' 는 것은 앞에서 삼중석(三重釋)132)의 무등등을 묶어서 큰 수레를 완성하는 것이다. 부처 세계에서의 일념(一念)은 진리를 열망하기에 가로라 이름 한다. 부처의 마음은 진리를 열망하기에 두 의미가 평등하다. 때문에 가로라 한다. 다음은 초심(初心)의 입장에서 궁극적인 이치에 연유하여 처음과 뒤가 서로 열망하기 때문에 가로라 한다. 제3의 의미는 마음은 진리에서 은밀히 하나의 본질(一體)에 부합하지만 함께 설명할 수 없다. 누가 가로와 세로를 논할 것인가? 처음에는 오직 부처의 마음만을 해석 할 뿐이니 바로 공제(空諦)이다. 다음은 일체에 통한다고 풀이하니 가제(假諦)이다. 세 번째로 앞의 두 가지는 모두 불가득임을 밝히니 바로 중제(中諦)이다.

(文後偈頌什公不譯. 近代皆云梵本中有. 此亦未測什公深意. 續僧傳中云. 偈是闍那掘多所譯. 今從舊本故無所釋. 還著本人 具如止觀第八記).

(문장 후반부의 게송을 구마라집은 번역하지 않았다. 근래는 모두 범본 가운데 있다고 말한다. 이것은 역시 구마라집도 깊은 의미를 헤아리지 못한 것이다. **속고승전**에서 말하길, "게송은 사나굴다가 번역한 것이다. 지금은 구본(舊本)에 따르기 때문에 해석할 것이 없다. 또한 책을 쓴 사람은 **지관** 제8에 기록된 것과 같다."고 했다.)

【각 주】————————
132) 앞에서 무등등을 세 가지 시각에서 해석하고 있는데, 그것을 지칭한다.

묘법연화경
관세음보살보문품
文句문구 · 記기 · 頌송

초판 발행 | 2561(2017)년 5월 2일

편역자 | 차 차 석
발행인 | 김 동 금
펴낸곳 | 우리출판사

등록 | 제9-139호
주소 | 서울특별시 서대문구 경기대로 9길 62(충정로3가 1-38)
전화 (02)313-5047 · 5056 | 팩스 (02)393-9696
이메일 wooribooks@hanmail.net

값 9,000원

ISBN 978-89-7561-334-0